남자문제의 시대

DANSHI MONDAI NO JIDAI?

Copyright ⓒ 2016 by Futoshi Taga
Original Japanese edition published by Gakubunsha Inc.

Korean translation rights arranged with Gakubunsha Inc.
through The English Agency (Japan) Ltd. and Eric Yang Agency, Inc.

남자문제의 시대
ⓒ들녘 2017

초판 1쇄 발행일 2017년 1월 31일

지 은 이 다가 후토시
옮 긴 이 책사소

출판책임 박성규
편집진행 유예림
편   집 현미나 · 구소연
디 자 인 김지연 · 김원중
마 케 팅 나다연 · 이광호
경영지원 김은주 · 박소희
제   작 송세언
관   리 구법모 · 엄철용

펴 낸 곳 도서출판 들녘
펴 낸 이 이정원
등록일자 1987년 12월 12일
등록번호 10-156
주   소 경기도 파주시 회동길 198
전   화 마케팅 031-955-7374 편집 031-955-7381
팩시밀리 031-955-7393
홈페이지 www.ddd21.co.kr

ISBN 979-11-5925-229-7 (93330)

이 도서의 국립중앙도서관 출판예정도서목록(CIP)은 서지정보유통지원시스템 홈페이지(http://seoji.nl.go.kr)와 국가자료공동목록시스템(http://www.nl.go.kr/kolisnet)에서 이용하실 수 있습니다.(CIP제어번호: CIP2017000948)

남자문제의 시대

男子問題の時代?

젠더와 교육의 정치학

다가 후토시 多賀太 지음 · 책사소 옮김

들녘

일러두기

1. 본문 하단의 주는 "옮긴이"라고 명기된 것을 제외하고 모두 저자의 주이다.

2. 저자 다가 후토시가 R. Connell의 저서 *Masculinities*에서 가져온 개념이나 용어는 한국어 번역판인 『남성성/들』(안상욱·현민 옮김, 이매진, 2013)을 일부 참조해 우리말로 옮겼다.

3. 저자 다가 후토시가 S. Biddulph의 저서 *Raising Boys*에서 인용한 내용을 우리말로 옮길 때는 한국어판 『아들 키우는 부모들에게 들려주고 싶은 이야기』(김선경 옮김, 북하우스, 2003)의 번역을 참조했으나 저자의 원래 표현을 살린 부분도 있다.

들어가는 글

지금 일본에서는 젠더^{남녀의 사회적 존재양태}와 관련된 다양한 견해와 주장이 복잡하게 얽혀 있다.

예전에는 성차별 하면 으레 여성차별을 가리키는 것으로 여겨왔으나, 요즘에는 "차별당하는 것은 오히려 남성"이라는 말도 심심찮게 들려오고 있다. 성차별 금지 및 양성의 본질적 평등은 일본국 헌법에서도 보장하고 있는 기본적 가치다. 그러나 "남자와 여자는 원래 다르니 남녀평등 같은 것은 있을 수 없다."는 소리도 여전히 강고하다. 또한 남녀평등의 지지 여부 이전에 남녀의 차이를 말하는 것 자체를 비판하는 소리도 다양하다. "개인의 실패를 성별 탓으로 돌려서는 안 된다." "성차보다 개인차가 크다." "남녀의 비교로는 파악할 수 없는 성소수자 문제에 눈을 돌려야 한다." 등이 그렇다.

극히 일부에 지나지 않는 이런 예들을 통해서도, 우리는 젠더를 둘러싼 다양한 말들 사이의 관계가 단순한 '대립'의 차원을 넘어 '착종^{錯綜}' 또는 '혼란'의 양상을 보이고 있음을 알 수 있다. 이를 링 위의 격투기에 비유해본다면 이럴 것 같다. 두 경기자가 복싱 룰에 따라 주먹질을 하고 있는데 또 다른 경기자가 그 둘을 향해 프로레슬링 룰의 드롭킥을 날리고 있고, 링 둘레에서는 링 위에서 벌어지는 경기가 무엇이든 상관없이 링의 존재 자체를 비판하는 자들이 모여 있는 상황. 혹은 '배틀 로열'로 비유할 수도 있겠다. 많은 레슬러들이 링 위에서 생존을 걸고 동시에 맞붙어 싸우는 이 게임에서는 자신 외에는 모두가 적인데, 시합의 흐름에 따라 공통의 적에 맞서 일시적인 한편이 되었다가 돌연 지금까지의 아군을 적으로 돌리기도 한다.

어쨌거나, 이런 다양한 견해들 중 무엇은 절대적으로 옳고 무엇은 절대적으로 잘못됐다고는 할 수 없다. 어떤 견해든 젠더에 관한 사항의 적어도 한 면은 적확히 파악하고 있고, 적어도 어떤 일정한 사람들의 생활 실감에 뿌리를 두고 있기 때문이다.

사회 구성원들의 의견이 완전히 일치하는 동질적인 사회보다 어느 정도 다른 의견이 충돌하는 사회가 건전할 수 있음은 물론이다. 또한 성장 과정이 다르고 사회적 입장이 다르며 이해관계도 다른 사람들 사이에서 의견의 완전 일치를 바라는 것은 무망한 노릇일지도 모른다.

그러나 모두가 자신의 주장만 내세워서는 논의가 진전되지 못하고, 사회의 발전도 기대할 수 없다. 우리 사회의 적지 않은 사람들이 남녀의 존재양태와 관련된 문제로 여러 '괴로움'을 겪고 있음은 부인할 수 없는 사실이다. 그러한 괴로움을 해소하기 위한 바람직한 사회의 모습을 구상하고자 한다면, 서로 견해가 다른 사람들이 동일한 씨름판에 서서 공통의 룰에 따라 논쟁을 할 필요가 있지 않을까.

이 책은 이러한 문제의식으로부터 출발해, 젠더교육에 관한 다양한 견해와 주장이 뒤엉킨 혼란 상황에 임하여 그것들을 분석·정리한 거냥도를 그려냄으로써 생산적인 논의의 방향성을 찾고자 한다.

이 책이 특히 중시하는 바는 남녀의 존재양태를 다각적인 시점에서 파악하는 것이다. 입체도형에 비유해 말하면, 어떤 입체를 위에서 보는가 아래에서 보는가, 옆에서 보는가 비스듬한 쪽에서 보는가에 따라 완전히 다른 모양으로 보일 수 있고, 멀리서 볼 때와 가까이서 볼 때의 인상이 서로 다를지도 모른다. 그러나 어떤 방향에서 보든 그 입체의 어떤 측면이 파악되는 것은 사실이며, 그러한 다각적인 관찰을 통해야만 비로소 그 입체의 전체상을 이해할 수 있을 것이다.

남녀의 존재양태도 마찬가지다. 남자라서 얻는 '이익'에 주목하는가, 그러한 이익을 얻기 위한 '비용'에 주목하는가에 따라 남자인 것이 유리하게 보이기도 하고 불리하게 보이기도 하는데, 어느 쪽이든 남자인 것의 한 면을 파악하고 있음에는 틀림이 없다. 또한 집단으로서 남녀를 비교하면 압도적으로 남성에게 유리한 사회일지라도, 개개의 남녀관계에서는 여성이 유리한 상황에 있을 수도 있다.

이 책에서는 남녀 존재양태의 역설적인 측면을 의식적으로 드러내 보이고자 한다. 이를테면 일반적으로 수용되고 있는 설(예: 남녀별학은 성차별적이고 공학은 남녀평등을 촉진한다)과는 정반대의 설(예: 공학이 남녀격차를 확대시키고 별학이 남녀평등을 촉진한다)이 어떤 면에서는 옳기도 하며, 언뜻 논리적으로 모순돼 보이는 설(예: 남성우위사회이기 때문에 도리어 남성은 괴롭다)이 잘 음미해보면 모순되지 않기도 한다. 이 책은 이렇듯 겹눈의 시점으로 관찰함으로써 혼재된 남녀의 존재양태를 보다 현실적으로 그려내고자 한다.

이 책의 개요는 다음과 같다.

첫 3개의 장은 남성을 '젠더화한 존재'로 파악하는 남성학·남성성 연구의 시점¹에서, 남자아이와 젊은 남성이 직면하는 문제들과 그에 관한 다양한 견해들이 착종돼 있음을 주제로 다룬다. 제1장에서는 최근 일본에서 터져 나오기 시작한 '남자' 문제에 관한 말들을 서양 국가들의 그것과 비교하면서 양자 사이에 차이가 생기는 사회적 배경과, 그런 말들의 타당성에 대해 고찰한다. 제2장에서는 선진국 중에서도 압도적 남성우위의 사회로 평가되는 일본에서 '남자의 괴로움'에 관한 말들이 위세를 부리는 역설적인 현상에 주목하고, '남성성의 사회이론'을 단서로 삼아 그 메커니즘의 해명을 시도한다. 제3장에서는 여성뿐 아니라 일부 남성 사이에서도 고용과 소득의 불안정화가 진행되는 상황을, 업무상 필요한 '능력'의 변화 그리고 '능력'에 따른 선발환경의 변화라는 관점에서 재고찰하고, 남녀의 경제적 자립을 위한 노동정책과 교육에 대해 논한다.

이어 3개의 장에서는 교육상의 젠더문제를 생각할 때 기본 콘셉트가 되는 것들을 재점검하고자 한다. 제4장에서는 젠더의 정의正義를 둘러싼 각 입장을 3개의 유형과 그 아류형으로 파악하고, 이를 통해 교육현장에서 젠더문제 대처와 관련된 착종 상황을 해체하여 생산적인 논의의 방향성을 제기한다. 제5장에서는 초등학교의 실천 사례에 기반하여 '남녀평등교육'에 드리운 곤란의 요인 중 하나가 실은 그 콘셉트 자체에 내재해 있을 가능성을 지적하며, 그러한 곤란을 극복할 수 있는 방법을 탐구한다. 제6장에서는 남녀공학/별학의 콘셉트와 그 효과에 관한 근래의 다양한 논의를 정리하고, 별학은 성차별적이고 공학은 남녀평등을 촉진한다고 단정 지을 수 없음을 확인하며, 더 충실한 논의의 방향을 검토한다.

마지막으로 제7장에서는 '젠더와 교육'에 관한 연구 동향을, 그것들이 '남자'를 어떻게 파악해왔는지의 관점에서 재정리하고, 앞으로 '남자'에 관한 더 유익한 논의를 전개하기 위한 관점과 틀을 제기한다.

이 책을 통해 남녀의 존재양태 및 교육·사회를 바라보는 '시점'이 바뀌어야 '보이는 경치'도 크게 달라진다는 것을 깨닫게 된다면 더할 나위 없이 행복하겠다.

차례

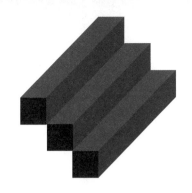

제1장

남자문제의 시대?
—남자논쟁의 전개와 구도—

최근 일본에서도 젊은 여성과 여자아이는 기도 세고 우수한 반면 젊은 남
성과 남자아이는 주눅 들고 덜떨어져 있음을 한탄하는 소리들이 흘러나오
게 되었다. 그러나 '남자'의 존재양태를 둘러싼 서양 국가들의 사회적 관심
의 정도와 논쟁의 격렬함은 일본에 비할 바가 아니다. 왜 이제야 '남자'에게
주목이 쏠리고 있는가? 서양 국가들과 일본에서 거론되는 '남자'에 대한 말
들을 비교, 소개하고, 그 사회적 배경을 더듬어본다.

1. 과연 남자문제의 시대인가?

일본에서는 오래전부터 젊은 남성과 남자아이들이 활기도 없고 패기도 없음을 한탄하는 소리들이 쏟아져 나왔다. 2009년 12월 1일에 출간된 지유코쿠민샤^{自由国民社}의 『현대용어 기초지식 ^{現代用語の基礎知識}』에 따르면, '신어·유행어 톱텐^{Top Ten}'에 연애와 성에 무관심한 남자를 나타내는 '초식남자 ^{草食男子}'*가 랭크되었다. 이 말은 현대 젊은 남성들의 다양성에 대해 유머러스하게 묘사한 저서¹ 속의 한 남성 유형에 불과했지만, 어느 순간 '초식계 남자'라는 별칭으로 사람들 사이에 널리 퍼지게 되었다. 또한 학교현장의 교사들에게 남자와 여자의 양태를 물어보면 초등학교에서 대학교까지 교육 단계를 불문하고 "우수한 여자와 덜떨어진 남자"로 대비하는 사람들이 적지 않다. 이런 소리들을 듣고 있자면, 젊은 남자와 남자아이가 같은 세대의 여성에게 압도당해 마치 '여성우위의 시대'가 도래한 것처럼 보인다.

비슷한 말들은 서양에서도 들린다. 아니, '남자'의 문제에 관한 한 사람들의 관심은 서양 국가들이 압도적으로 높다고 할 수 있다. 그들 나라에서 학령기 남자의 다양한 '문제'는 이미 심각한 '사회문제'로 부각되고 있다. 각국 미디어들은 남자가 '혜택

---

*   우리나라에서도 '초식남'이라는 말이 유행하고 있는데, 일본에서 먼저 유행하기 시작한 이 말에서 온 것이다. _옮긴이

받지 못한 성性'이라는 보도를 거듭 쏟아내고, 호주에서는 남자에 대한 보상교육을 위해 막대한 국가예산을 쏟아붓고 있다.

그러나 1990년대 전반까지는 이들 서양 국가에서도 '젠더와 교육'의 문제는 곧 여자의 문제였다. 최근까지도 교육받을 기회와 학교–노동시장 이행에서 불리한 것은 남자가 아니라 여자라는 것이 일반적인 생각이었다. 그런데 왜 지금에 와서 '남자문제'가 된 것일까? 정말로 여성에게 유리한 시대가 도래한 것일까? 아니면 지금의 이 소동은 잘못된 상황인식에 기초한 과잉반응일까?

분명, 현대의 사회 상황은 여성해방운동이 세계 선진국들을 석권했던 1970년대와는 크게 달라졌다. 당시 주류 사회체제에 대한 반항적 사상이었던 페미니즘은 이제 주류의 공적 정책 속에 편입되어 있다. 그리고 사회생활의 복잡화·인생경로의 다양화는 불평등의 소인素因을 개인에서 찾게 하며[2] "여자는 열위/남자는 우위"라는 단순한 속성만으로는 개인의 생활상 위기나 곤란의 정도를 헤아리기 어렵게 만들었다. 마찬가지로, 예전의 인식방법을 뒤집은 "남자는 열위/여자는 우위"라는 틀 역시 현대 사회의 복잡화한 젠더 관련 문제를 적확히 이해하는 데는 불충분한 것으로 보인다.

이 장에서는 서양 국가들과 일본의 남자논쟁을 개관하고, 남자를 문제화하는 언설의 성립, 타당성, 한계에 대해 검토한다. 먼저 서양 국가들의 학령기 남자를 둘러싼 논쟁을 개관하고, 남자의 어떤 점이 어떤 의미에서 '문제'가 되고 있는가를 확인한다.

이어서 일본의 청년기 남성을 둘러싼 논쟁을 개관하고 그로부터 서양의 남자논쟁과 유사한 문제화 도식을 찾아내며, 더불어 일본의 경우 학령기보다 청년기에 관심이 경주된 이유를 고찰한다. 마지막으로, 이것들에 근거하여 청년기 남성과 학령기 남자를 문제화하는 언설의 타당성과 한계에 대해 검토한다.

2. 서양 국가에서의 남자논쟁―학령기에 대한 관심

여자문제에 대한 주목

1990년대 전반까지는 일본뿐 아니라 서양에서도 교육상의 젠더 문제를 여자의 문제로 보는 것이 상식이었다. 하지만 그런 상식이 만들어진 것은 그리 먼 옛날 일이 아니다. 1970년 무렵까지 사람들의 관심은 여자의 교육에 그다지 쏠려 있지 않았고 오히려 남자의 교육을 향해 있었다. 19세기 말~20세기 초의 미국에서는 오늘날처럼 남자들이 무기력하고 '전통적인' 남자다움에 대한 관심을 잃어가고 있다는 것, 남녀공학과 여성교사가 남자교육에 악영향을 끼치는 것을 우려하는 목소리가 높았다. 그래서 '전통적인' 지식과 활동을 가르치거나 체육, 보이스카우트, 군사훈련 등을 이용해 남자들을 다시 '남자답게' 하려는 노력이 전개되고 있었다.[3]

그러나 1964년 미국에서 공민권법이 제정되고 이어 여성해방운동이 일어나자 서양 국가들은 여자의 교육에 관심을 돌리게 되었다. 1970년대에는 각국에서 성차별을 금지하는 법률이 제정되고 양성 간 실질적인 교육기회균등 정책이 책정되기 시작했으며, 여자의 교육 실태를 밝히기 위한 연구가 진행되었다. 1972년 미국에서는 공민권법 교육수정조항 제IX편이 가결되었다. 연방정부 조성금으로 진행되는 교육활동에서 성차별을 금지한 이 법의 가결로, 여자의 진학과 실질적인 학습기회에 대한 관심이 일거에 높아졌다. 1994년 '남녀평등교육법'이 가결되었을 때도 그 초점은 여자의 교육상 불리에 맞춰져 있었다. 그 점은 동법의 가결을 후원한 전미대학여성협회 American Association of University Women 의 『학교는 어떻게 여자의 능력 발휘를 가로막는가 How Schools Shortchange Girls』(1992년), 새드커 부부 David Sadker & Myra Sadker 의 『공정함의 실패: 학교는 어떻게 여자를 속이는가 Failing at Fairness: How Our Schools Cheat Girls』(1994년)와 같은 조사연구의 제목에서도 확인할 수 있다.[4] 영국에서는 '성차별금지법'이 제정(1975년)된 후인 1970년대 후반의 정책상 관심은 여자의 학업부진에 있었고, 반反성차별주의의 입장에서 여자의 불리 해소를 목표로 하는 교육기회균등 정책이 그 중점을 이루고 있었다.[5] 호주에서도 당시 교육정책의 초점은 여자에게 맞춰져 있었는데, 이는 『소녀, 학교, 사회』(1975년), 『호주 학교에서의 여자교육을 위한 국가정책』(1987년), 『여자의 소리를 들어라』(1992년), 『여자교육을 위한 전국 액션플랜』(1993년)과 같은 정부 관련 문서나 보고서 제목을 보면 일목요연하다.[6]

남자문제로의 이동

이처럼 1970년대부터 90년대 전반까지 서양 국가들의 교육상 젠더문제는 여자문제였다. 그런데 1990년대 중반 무렵부터 젠더와 교육에 관한 각국의 관심 초점은 다시 여자에서 남자로 이동되었다. 이 변화를 낳게 한 큰 요인 중 하나는 시험결과에 따른 학력경쟁의 격화였다. 영국의 경우, 의무교육 수료자를 대상으로 한 중등교육자격시험 GCSE*의 결과가 1994년 '리그 테이블'이라는 성적일람표 형태로 공개된 이후 미디어들이 앞다투어 '남자의 학업부진'을 문제로 다루게 되었다.[7] 1994년의 시험결과를 보도할 때 각 미디어들은 "남자의 곤란"(*Sunday Times*), "리그 테이블에서 여자가 남자에게 대승"(*Times*), "클래스 톱은 똑똑한 여자들"(*Today*) 등의 표제어를 달고 '남자의 부진'을 강조했다.[8] 독일에서도 2000년 OECD 경제협력개발기구 학생들의 학업성취도평가 PISA**에서 남자의 성적이 여자보다 떨어진 것을 계기로 신문과 상업잡지부터 연구잡지에 이르기까지 각종 미디어들은 "이제껏 학교에서 여자의 불이익만 거론되어왔지만 사실 문제는 남자가 아닌가"하는 논의를 활발하게 펼쳤다.[9]

'학력'의 다양한 측면 중 대부분의 나라에서 특히 '남자의 문제'가 된 것은 '독해력'이다. 지금까지의 PISA 결과를 볼 때 대부분의 참가국에서 '독해력'에 관한 남자의 평균점수는 여자의 그것을 유의미하게 밑돌고 있다.[10] 또한 의무교육 수료 후의 진학동향에서 여자가 아카데믹한 유형의 학교로 진학하는 비율이 더

---

* 중등교육을 제대로 이수했는지 평가하는 영국의 국가검정시험이다. 1986년 9월 도입, 1988년에 첫 시험이 시행되었다. GCSE 시험은 학문의 기초이론보다는 ICT나 사회교육 등 실제 사회 적용에 필요한 실용적인 측면을 강조하고 있다. 성적은 등급으로 발표되며, 등급은 A+부터 G등급까지 나누어진다. 2007년 10월 31일 영국의 브라운 총리는 영어·수학을 포함한 GCSE 5개 과목에서 평균점 이상을 얻은 졸업생이 3분의 1이 안 되는 중등과정 공립학교는 폐교하겠다는 의지를 밝혔다.(출처: 매일경제용어사전)_옮긴이

** OECD 가맹국이 참가하여 2000년부터 3년마다 실시하고 있는 15세 학생을 대상으로 한 학업성취도평가.

높은 나라도 눈에 띈다. 미국의 경우 2007년 학부^{undergraduate} 수준의 고등교육기관에 입학한 여성은 남성의 1.3배였다.[11] 독일에서도 가장 학력이 높다고 평가되는 '김나지움' 진학자는 여자가 많고, 일반대학 입학자격 취득자 중 남자 비율은 1970년에 60%를 넘었지만 2000년에는 44%로 줄어들었다.[12]

또한 남자의 학교생활과 사회생활 부적응을 보여주는 예로 자주 거론되는 다음 경향들도 각국에서 거의 공통적으로 나타난다. 즉, 남자가 여자에 비해 학습활동에 적극적으로 참가하거나 학교생활을 즐기는 정도가 낮은 것, 특수교육 대상자 비율이 높은 것, 학습장애 진단 비율이 높은 것, 후기중등교육 단계에서 유급률이 높은 것, 자살률이 높은 것, 학대 피해자가 되는 비율이 높은 것, 교도소 수감 비율이 높은 것, 학교에서의 성공을 저해하는 태도나 습벽을 갖기 쉬운 것 등이다.[13]

각국에서 남자문제에 대한 관심이 높아지는 가운데, 호주에서는 교육장관의 자문을 받아 연방의회하원의 교육훈련상임위원회가 2002년 『남자: 올바른 이해』라는 제목의 보고서를 제출했다. 이 보고서는 남자의 학력부진과 학습기피에 관한 방대한 '증거'와 그 문제에 대한 각 학교의 대처 실태를 밝히고 있다.[14] 이 보고서를 받은 연방정부는 2003년에서 2005년까지 약 700만 달러의 예산을 들여 BELS^{Boys' Education Lighthouse School}계획을 실행했다. 남자의 교육 니즈^{needs}에 대처하는 학교에 조성금을 교부하고, 그 대처의 효과를 검증하고자 한 것이다.[15] 또한 연방정부는 2005년부터 2006년까지 약 2000만 달러의 예산이 소요되는 '남

자를 위한 성공 Success for Boys'계획을 실행했다. 남자에 대한 동성
역할모델의 지도자로부터 도움 받을 기회 제공, 정보·커뮤니케이
션 기술을 이용한 적극적인 학습참가 촉진, 효과적인 리터러시
literacy: 읽기와 쓰기 교육 실시, 원주민 남자 문제에 대한 대처가 그 중
심이었다. 이를 위해 학교가 선택적으로 실시할 수 있는 대처 메
뉴를 제시하는 동시에 평균 약 1만 달러를 전국 1,600개 의무교
육학교에 교부하고 남자의 교육 니즈에 응하는 대처를 실행시켰
다.[16]

이처럼 서양 국가에서 '남자문제'로 거론되는 내용들은 다
양하다. 또 '문제'에 대한 반응도 미디어의 불안 표명에서 국가
차원의 조직적인 대처에 이르기까지 다양하다. 그러나 각각의 '문
제'에서 드러나는 남자에 대한 인식은 크게 다음의 두 가지 유형
으로 집약할 수 있다.

'골칫덩이'로서의 남자

하나는 학업부진이나 난폭한 행동과 같은 남자 '문제'의 책임을
남자 자신에게서 찾고, 그런 남자는 배제해도 어쩔 수 없는 '골칫
덩이 problem'로 보는 관점이다. 이런 관점은 각국에서 공통적으로
보이는데, 특히 두드러지는 나라가 영국이다. 이는 경제적 효율
을 가장 중시하고 시장 메커니즘하의 경쟁을 통해 발전을 꾀하
는 신자유주의적 인적자본론의 사고방식이 지배적인 것과 큰 관
련이 있다.[17]

넓은 의미의 인적자본론 사고방식에서 교육은 사회의 유지·발전에 필요한 인재 육성이라는 측면에서 개인뿐 아니라 사회에 대한 투자로도 간주된다.[18] 따라서 교육을 통해 기대되는 인재의 육성이 효과적으로 이뤄지지 않는다면 그것은 투자의 '실패'이자 사회의 '손실'이다. 한편, 신자유주의 사고방식은 경쟁적 환경하에서 성공의 기회는 만인에게 평등하게 열려 있으며, 그런 기회를 어느 만큼 이용하는가는 개인에게 달려 있다고 본다. 개인의 실패 책임은 개인에게 있다. 따라서 신자유주의적 인적자본론의 맥락에서 보면 학업부진 남자는 사회적으로 불리한 입장에 놓인 '가련한 남자 poor boys'라기보다 사회의 기대 수준에 도달하기 위한 노력을 게을리한 '낙오한 남자 failing boys'로 간주된다.

그리고 이런 풍조하에 학교에서의 남자의 태도에 대한 관점도 바뀌어가고 있다. 영국의 경우 예전에는 "사내애가 그렇지 뭐. Boys will be boys."*라고 하여 난폭 행동, 근면 혐오와 같은 남자의 반학교적 태도는 너그러이 봐 넘기고 때로는 칭찬하기조차 했다. 그러나 이제 그러한 경향은 찾아볼 수 없고, 정책 문서에도 남자의 반항적 태도를 노골적으로 비난하는 말이 담기게 되었다.[19] 남자의 반학교적 태도는 본인의 학업 성취에 마이너스일 뿐 아니라 열심히 학업에 임하는 여자와 다른 남자들의 학업 성취에도 악영향을 미친다. 더욱이 교사들이 그러한 '문제 있는' 남학생들을 지도하려면 엄청난 시간과 노력을 쏟을 수밖에 없다. 인적자

***

* 사내아이나 남자가 소란스럽거나 험하게 구는 것은 놀랄 일이 아니다. _옮긴이

본론의 사고방식으로 보면 그런 남자의 반학교적 태도는 효율적인 인재 육성이라는 교육 목적에 다대한 손실을 끼치는 셈이다. 한편, 개인의 선택과 자기책임을 강조하는 신자유주의 문맥에서 그들의 그러한 태도는 사회경제적 환경 때문에 초래된 것이라기보다 무기력함이나 도덕성 결여와 같은 개인의 문제로 해석된다. 따라서 학업이 부진하고 다른 학생들의 학습을 방해하는 '골칫덩이'로서의 남자는 '도움'의 대상이 아니라 동정의 여지가 없는, 배제되어도 어쩔 수 없는 존재로 간주된다.

'피해자'로서의 남자

이와 달리, 남자의 다양한 문제를 남자의 불리가 표출된 것, 또는 남자의 불리한 입장 때문에 생기는 것이라 하여, 남자를 지원받아야 할 '피해자victim'로 보는 관점도 있다. 이 관점에서는 남자의 전형적인 난폭 행동이나 반학교적인 태도마저도 '남자다움의 위기'라는, '피해'에 대한 반응으로 해석하는 경우도 있다. 이러한 관점은 각국에서 공통으로 보이는데, 그것이 가장 두드러지게 나타나는 나라는 호주다.[20]

앞서 언급한 보고서 『남자: 올바른 이해』는 남자의 불리로 다음과 같은 점들을 지적하고 있다. 싱글맘 가정이나 여성교사가 약 80%를 점하고 있는 초등교육학교에서, 남자는 동성 성인 모델로부터 적절한 행동방식과 바람직한 인간관계의 모습을 배울 기회를 박탈당하고 있다. 또한 남자와 여자는 선호하는 학습

스타일이 다른데도 학교현장에서는 그러한 차이에 별 주의를 기울이지 않고 있으며, 특히 초등·중등교육에서는 수동적이고 언어를 중시하는 '여자용' 학습 스타일을 취하는 경향이 있다. 그리고 예전에는 육체노동이나 전통적 숙련노동 취업을 통해 남성이 여성보다 높은 비율로 풀타임 고용이 되었는데, 근래에는 그런 직업이 쇠퇴하고 있다. 또 노동시장의 모든 영역에서 커뮤니케이션 능력과 대인관계 능력이 중시되고 있지만, 남자는 이런 능력이 여자만큼 발달해 있지 않아 노동시장 부적응이 우려된다. 상황이 이러함에도 과거 20년간의 교육정책은 여자 지원 프로그램을 실행했을 뿐, 남자의 교육 니즈를 찾아내어 그것을 충족시키려는 시도가 거의 이루어지지 않았다는 것이다.[21]

이 보고서대로 만일 정말로 남자가 교육상 불리한 입장에 놓인 '피해자'라면 실질적인 교육기회의 균등이라는 가치(제4장 참조)에서 볼 때 여자가 아닌 남자가 지원받아야 할 대상이 된다.

이렇듯 요즘 서양 국가들에서는 '골칫덩이로서의 남자'와 '피해자로서의 남자'라는 두 가지 인식이 뒤섞이면서, "남자야말로 문제다."라는 관점이 형성되고 있다. 이들 관점의 타당성과 한계에 대한 검토는 4절에서 하기로 하고, 그 전에 일본의 남자논쟁 현상을 개관해보자.

3. 일본에서의 남자논쟁—청년기에 대한 관심

'어른'이 되지 않는 젊은이들

1990년대 중반 이후 서양 국가들에는 학령기 남자를 문제로 보는 관점이 널리 퍼져 있었다. 그에 반해 일본에서는 아직까지 학령기 남자를 문제시하는 목소리가 그리 크지 않다. 일본에서 논쟁의 초점이 된 것은 오히려 청년기 남성이다.

젊은 남성들을 문제화하는 소리들은 다양한데, 그 대부분은 남성이 '어른 남자'가 되지 않는 것과 관련 있다는 점에서 공통된다. 여기서 말하는 '어른 남자'란 가족을 부양하는 남성, 즉 충분한 경제력을 갖고 여성과 결혼하여 가장으로서 책임을 지는 남성이다. 이는 R. 코넬R. Connell이 지적하고 있는 근대사회 젠더질서의 특징, 즉 분업관계에서 남성의 가장 역할, 성애관계에서 이성애의 패턴, 권력관계에서 남성우위에 대응하는 것이다.[22] 말하자면 일본의 청년기 남성을 둘러싼 논쟁은 근대사회의 젠더질서를 체현하는 '남자다움'이 흔들리는 데 대한 불안과 불만의 표명이라 할 수 있겠다.

청년기 남성을 둘러싼 논쟁을 주의 깊게 들여다보면 서양 국가들의 남자논쟁과 마찬가지로 그들을 '문제'로 보는 두 가지 인식을 확인할 수 있다.

하나는 어른이 되지 않는 젊은 남성들의 한심함을 개탄한다는 것이다. 그 전형적인 예가 1990년대 말경부터 2000년대 중반에 걸쳐 일어난 프리터^Freeter/니트^NEET, Not in Education, Employment or Train-ing 비판이다.

'프리터'와 '니트'의 정의에는 얼마간 변형된 것들이 있지만 이 분야의 연구를 주도해온 연구자 중 한 사람인 고스기 레이코小杉礼子의 정의에 따르면, '프리터'란 "15~34세의 나이에 학생도 주부도 아닌 사람 중 파트타임이나 아르바이트라는 명칭으로 고용되어 있는가, 일정한 직업 없이 그런 형태로 취업하고 싶어 하는 자"[23], '니트'란 "15~34세의 비노동력(일을 하고 있지 않고 또한 실업자로서 구직활동을 하고 있지 않은) 중 배우러 다니는 것도, 가사를 하는 것도 아닌 자"[24] 다.

이들 정의에 따르면 '프리터'와 '니트'는 남성만을 가리키는 말은 아니며, 적어도 2005년까지는 '니트'의 경우 남성이 많았지만 프리터는 여성이 압도적으로 많았다.[25] 그러나 예전부터 기혼여성의 다수는 파트타임으로밖에 일하지 않았음에도 젊은 남성들이 그런 처지에 놓이게 되자마자 문제시되었던 점이나 이들 정의에서 기혼여성과 가사 종사자가 제외되어 있는 점을 감안하면 프리터/니트 문제는 남성을 한 집안의 부양자로 상정했을 때의 남성문제로서 사회문제화해온 측면이 크다.[26]

'프리터'와 '니트'는 본래 젊은이들 사이에 나타나는 변화 파악의 도구로 사용된 용어이지, 꼭 부정적인 의미로만 사용되는 것은 아니다. 여기에는 취업구조의 변화와 경영 측의 판단 등, 그런 타입의 젊은이들이 증가·현재화顯在化하게 된 사회경제적 요인에 대한 지적도 들어 있다. 그런데 연구자, 행정기관, 미디어, 정치인 등 청년 당사자가 아닌 '외부'의 목소리가 서로 호응하면서 '문제'를 더욱 심각한 것으로 만들고, 그 '문제'의 원인을 청년 본인에게서 찾는 경향이 점점 강해지고 있었다.[27] 예를 들면 "일하지 않는 청년 '니트', 10년 사이에 1.6배. 취업 의욕 없이 부모에게 '기생'"(《산케이신문》 2004년 5월 17일자)이라는 기사 표제어로 상징되듯이 '프리터'와 '니트'는 흔히 "타락한 젊은이를 상징하는" 용어로 사용되었다.[28]

이처럼 프리터/니트 비판은 '문제'의 원인을 사회경제적 환경보다 당사자의 개인적 태도에서 찾는다는 점에서 서양의 '골칫덩이로서의 남자' 계열에 속한다고 할 수 있다. '초식계 남자'를 비판적으로 보는 관점도 '어른' 지표의 하나인 '결혼'의 구성요소 또는 그 전제로서 성적 관계나 연애에 적극적이지 않다는, 즉 남성 개인의 태도를 비난한다는 점에서 이 계열에 포함된다고 해야 할 것이다.

반면, 남성의 '불리함'이나 '피해'의 측면을 강하게 주장하고, 경우에 따라서는 그 원인을 여성 '우대'와 페미니즘에서 찾으며 여성을 노골적으로 적대시하는, 서양의 '피해자로서의 남자' 계열에 속하는 인식도 보인다. 이런 관점은 '문제'의 당사자, 즉 청년기의 남성과 그들의 입장을 대변하는 사람들 사이에서 전형적으로 나타난다. 필자가 대학에서 담당하고 있는 젠더 관련 수업 첫 시간에 수강생들의 관심을 물어보면, 거의 모두라고 해도 좋을 만큼 대부분의 남학생들이 "지금은 남성이 불리하지 않은가요?"

"여성전용차량이나 '레이디스 데이' 등은 남성차별이 아닌가요?"
등의 발언을 한다.

　대중용 출판물에서도 남성의 불리와 여성의 유리를 호소하는 주장이 다수 등장하고 있다. 예컨대 가도쿠라 다카시門倉貴史는 젊은 남성을 중심으로 여성과 연애하거나 성적 관계를 맺거나 결혼의 기회를 누리지 못하는 "연애빈민"과 "결혼난민"이 늘어나고 있다면서, 그 주원인이 남성 내의 소득격차 증대와 저소득 남성을 연애나 결혼의 대상으로 보지 않는 여성 측의 풍조에 있다는 견해를 보이고 있다.[29] 효도 신지兵頭新児는 성희롱, 스토킹 행위, 가정 폭력을 인정할 때 피해자의 주관적 판단만을 중시하고 치한의 원죄冤罪: 억울한 죄를 간과하는 등을 예로 들면서 여성 우대의 과도함을 비판하고, 현재의 일본 사회를 여성과 관련하여 남성에게 '재해'가 닥친 "여재사회女災社會"라고 주장하고 있다.[30] 미우라 아쓰시三浦展는 현대는 학교생활에서부터 취직활동, 연애와 성적 관계에 이르기까지 여성이 남성보다 우위에 서 있는 "남성 수난의 시대"라는 견해를 보이며, '약자'가 된 남성을 보호하는 "남성보호법"의 국회 제출을 호소하고 있다.[31]

　이처럼 최근 일본 젊은 남성의 '문제'를 둘러싼 논쟁은 한편으로는 남성 자신의 한심함에서, 다른 한편으로는 여성 측에서 '문제'의 원인을 찾는 경향이 있다.

학령기 남자의 실태

그렇다면 왜 일본에서는 청년기 남성에게만 주목이 집중되고, 서양처럼 학령기 남자를 문제시하는 목소리는 들리지 않는 것일까? 만일 서양과 달리 일본의 학령기 남녀가 학업성적이나 반학교적 행동에서 큰 차이를 보이지 않는다면, 학령기 남자에게 관심을 쏟지 않는 것도 수긍이 간다. 그러나 다음에서 보듯이, 서양에서 학령기 남자문제의 근거로 주장되는 몇 가지 경향이 일본에서도 확인되고 있다.

앞에서 썼듯, 독일에서 남자를 패자로 간주하는 말들이 대두하게 된 계기 중 하나는 2000년 PISA에서 드러난 남자의 성적 부진이었다. 사실 지금까지 결과가 공표된 과거 5회의 PISA 결과를 보면 일본에서도 성적이 부진한 것은 남자였음을 알 수 있다. '과학'의 평균점수는 제5회(2012년)에서 남자가 여자를 유의미하게 웃돌았지만 그 밖의 회에서는 통계적으로 유의미한 남녀 차는 보이지 않는다. '수학'의 경우는 제3회(2006년)와 제5회 때 남자가 여자를 유의미하게 상회했으나, 나머지 3회에서는 통계적으로 유의미한 남녀 차는 보이지 않는다. 그런데 '독해력'은 다른 대부분의 참가국과 마찬가지로 과거 5회 모두 여자의 평균점수가 남자의 그것을 유의미하게 상회하는 결과가 나왔다.[32]

일상의 학습활동에서 여자보다 남자가 부진한 경향을 보이는 사례도 있다. 나베시마 요시로鍋島祥郎는 「미에三重현 고교생 학력생활실태조사」(1995년)의 데이터를 바탕으로 각 교과성적과 학습태도를 남녀별로 비교하고 있다. 그것에 따르면 각 학교에서 국어·영어·수학의 3과목과 전문교육 과목 모두에서 여자의 성적 평점 평균치가 남자의 그것을 상회하고 있으며, 특히 영어와 국어에서 그 차가 두드러진다. 또한 담임교사가 평가한 '교과목에 대한 의욕'을 보면 보건체육을 제외한 모든 과목에서 여자가 남자보다 의욕적으로 임하고 있다는 결과가 나온다.[33]

여자보다 남자가 학교생활에 적극성이 없는 경향은 후카야 마사시深谷昌志 들의 수도권 중학생 약 1,500명을 대상으로 한 설문조사 결과에서도 엿볼 수 있다. 중학생에게 자기평가를 요구했더니 "상황을 이끌어가는 타입"(남자 26.1%<여자 31.9%), "의지가 강하다"(남자 46.9%<여자 53.3%)처럼 적극성을 연상시킴과 동시에 지금까지 남성적인 것으로 간주되어온 항목에서도 여자의 긍정 비율이 높아졌다. 또한 "친구들을 잘 끌어모은다"(남자 16.3%<여자 20.7%), "납득이 되지 않으면 선생님에게도 이의를 제기한다"(남자 32.2%<여자 37.0%)에서도 그리 큰 차는 아니지만 여자의 긍정 비율이 높다. 한편, 자신의 현 상태에 대한 만족도 면에서는 남자가 높고, '학력'(남자 30.4%>여자 18.8%), '성격'(남자 46.0%>여자 33.2%), "친구 관계"(남자 70.9%>여자 63.3%)에서도 남자의 만족도가 높다. 이들 결과로부터 후카야 들은 "기가 센 여자아이"와 "적당주의 지향의 남자아이"라는 대칭성을 확인한다.[34]

학업 면 이외의 몇 가지 반사회적 행동과 사회적 부적응을 야기하는 비율도 여자보다 남자에서 높은 경향이 보인다. 예를 들어 소년감별소* 입소자 중 남자의 비율은 여자의 8배 이상이며, 소년원 입원자 중 남자가 점하는 비율은 여자의 9배 이상이다.[35] 등교거부나 은둔형외톨이는 압도적으로 남자가 많다.[36] 또 2014년도 19세 이하의 자살률은 남성이 69.3%로 3분의 2 이상을 점하고 있다.[37]

이처럼 학령기 남녀 사이에 서양에서라면 남자의 '열위'로 해석되어도 무방한 경향이 몇 가지 나타남에도, 일본에서 사람들의 관심은 오히려 청년기 남성 문제로 향해 있고, 학령기 남자를 문제시하는 소리는 별로 들리지 않았다. 여기에는 여러 요인이 섞여 있는데, 이 장에서 그 전체 내용을 밝히기는 도저히 불가능하지만 적어도 다음의 2가지 요인은 생각해볼 수 있다.

성인기의 남녀격차

하나는, 일본은 서양 국가들과 달리 청년기부터 성년기의 다양한 생활영역에서 남성우위 정세가 더 현저하다는 점이다. 예를 들면 서양 국가들은 대부분 여자의 고등교육 진학률이 남자를 웃돌고 있지만, 일본은 꼭 그렇다고 말할 수 없다. 문부과학성의 학교기본조사에 따르면 2014년도 4년제 대학 진학률은 여자가 47.0%인 데 비해 남자는 55.9%로 여자를 약 9% 상회하고 있다.[38] 정치와 경제 영역에서도 서양 국가들에 비해 일본은 여성의 지위가 낮다. 2000년대 중반 시점에서 국회의원(하원)의 여성 비율은 독일이 31.6%, 영국과 미국은 10% 후반대이지만 일본은 9.4%로

*　우리나라의 소년분류심사원 _옮긴이

1할에 미치지 못한다. 남성 임금을 100으로 할 경우 남성 대비 여성 임금의 수준은 호주, 영국, 미국이 80%를 넘고 독일도 70%를 넘는데, 일본은 66.8%로 7할을 채우지 못하는 상황이다.[**][39] 2012년 시점에서 관리직종의 여성 비율은 미국이 43.7%로 4할을 넘고, 호주와 영국은 약 35%, 독일도 28.6%로 3할 가까이 되지만, 일본은 2014년 시점에서도 11.3%로 1할 정도에 머물고 있다.[40] 이들 지표를 포함한 경제·교육·정치·보건 등 각 분야의 데이터를 기초로 세계경제포럼이 2014년에 산출한, 남녀 간 격차를 나타내는 '젠더 갭 지수[GGI]'를 보면, 상기 5개국 중 가장 남녀 간 격차가 작은 나라는 세계 142개국 중 12위인 독일이며, 미국은 20위, 호주는 24위, 영국은 26위다. 그에 비해 일본은 104위로, 남녀 간 격차가 현격하다는 것을 알 수 있다.[41]

 이처럼 서양 국가에서도 성인기의 다양한 생활영역에서 남성우위 경향이 있지만 그 정도는 일본에 비해 그리 크지 않다. 따라서 여성에 대한 남성의 우위를 지키고자 하는 사람들이, 학령기 남자의 학업부진과 학교부적응은 그간 간신히 유지되고 있던 남성우위의 형세가 장차 역전되어버릴 조짐이 아닌가 우려하는 것도 생뚱맞지는 않다. 바로 이런 이유에서, 많은 연구가 지적하고 있듯이, 여성의 지위 향상에 대한 남성 측의 반격[backrush]이

** 여기서는 같은 조건으로 비교하기 위해 국회의원의 여성비와 여성의 남성 대비 임금 수준에 대해서는 각국의 2000년대 중반의 수치를 제시한 것이다. 일본의 경우 집필 시점에서 최신의 수치를 보면 2013년 7월 중의원 선거 당선자 중 여성 의원의 비율은 18.2%, 2014년도 여성의 남성 대비 임금 수준(단기간 노동자를 제외하고)은 72.2%였다.(內閣府, 『平成27年版 男女共同参画白書』, 2015, 58쪽)

서양국 남자논쟁의 기조를 이루고 있을[42] 것이다.

일본은 서양 대비 성인기의 생활영역에서 남성우위 정세가 훨씬 두드러진다. 학령기에는 여자가 우위일지라도 사회에 나온 뒤 결국 남성이 우위에 서게 된다면, 여성에 대한 남성의 우위를 지키고 싶은 사람들도 학령기 남자의 부진과 부적응에 대해 그리 소동을 벌일 필요는 없을 것이다. 일본에서도 1990년대 후반 무렵부터 '전통적인' 남자다움의 복권을 주창하거나 페미니즘을 노골적으로 비난하는 주장[43]이 눈에 띄기는 하지만, 아직까지는 그러한 반페미니즘적 주장에서 학령기 남자의 부진과 부적응 문제가 언급되는 경우는 거의 없다. 그만큼 일본은 적어도 현 시점에서는 서양 대비 남성우위체제가 '안정적'이라고 말할 수 있다.

고용노동환경의 변화 타이밍

남자논쟁의 초점이 서양의 경우 학령기를 향해 있는 반면 일본은 청년기에 맞춰져 있는 또 하나의 이유로 생각할 수 있는 것은 고용노동환경의 변화 타이밍이다. 즉, 장기안정고용에서 유동성·성과주의를 특징으로 하는 불안정고용으로의 고용노동환경 변화를 서양과 일본이 각각 다른 시기에 경험했다는 것이다.

서양 국가들에서는 이미 1970년대부터 제조업 쇠퇴와 서비스업 확대에 따른 고용의 유동화가 시작되고 성과주의적 경쟁의 정도가 심화되었다. 젊은 남성 대다수가 학교교육 수료 후 노동시장으로 원활하게 이행할 수 없게 되는 상황도 일본보다 훨씬 앞서 생겨났다. 예를 들면 영국의 경우 청년의 취업과 불안정화, 경제적 자립의 곤란, 그에 수반하는 부모에 대한 의존기간의 연장, 시민적 권리의 박탈과 빈곤 등의 문제, 나아가서는 그러한 청년들을 위해 어떠한 사회보장제도를 제공할지에 대해 이미 1980년대부터 많은 연구와 정책적 논의가 이루어지고 있었다.[44]

따라서 영국을 비롯한 서양 국가들에서는 학령기 남자의 존재양태를 문제 삼기 시작한 1990년대 중반까지, 청년기 남성의 자립 곤란이라는 문제는 이미 상식화되어 특별히 새삼스러울 게 없었다. 그러던 차에 학력시험의 결과가 공표되고 '남자의 학업 부진'이라는 새로운 사실이 명시화되자, 사람들은 청년기 남성이 직면한 다양한 문제의 원인을 학령기에서 찾게 되었고, 그래서 학령기 남자에게 관심을 돌리게 되었던 것으로 보인다.

이와 달리, 일본은 적어도 1990년대 초반까지는 남성 고용 노동자를 한 집안의 부양자로 하는, 장기안정고용이 표준인 상태가 지속되었다. 당시 일본은 제조업이 쇠퇴하지 않았고, 버블기의 호황도 일조하여, 많은 남성들이 구미歐美에서처럼 철저한 성과주의적 경쟁에 노출됨 없이 승급과 승진을 기대할 수 있었다. 젊은 남성들도 많은 경우 학교교육을 수료하면 안정된 일자리를 얻어 경제적으로 자립하고, 자신의 가족을 꾸릴 수 있었다.[45]

그런데 1990년대 후반이 되자 일본도 고용의 유동화가 가속화하고, 젊은 남성의 고용 상황도 악화하기 시작했다. 즉, 서양국 사람들이 청년기 남성의 자립 곤란이라는 문제에 새삼스러움을 느끼지 않게 되고 학령기 남자의 문제에 주목하기 시작했을 무렵에, 일본에서는 그제야 청년기 남성의 자립 곤란이 새롭고 뜨거운 문제로 인식되기 시작했던 것이다.

이처럼 일본은 성인기의 남성우위 정세가 훨씬 강하다는 것, 그리고 젊은 남성의 고용 악화를 경험한 타이밍이 늦은 것 등이 서양 국가들처럼 학령기 남자의 문제에 관심을 돌리지 않게 된 부분적인 이유라고 할 수 있다. 만일 그렇다면 앞으로 일본에서도 성인기의 남녀격차가 축소되거나 청년 남성의 불안정한 고용 정세가 일상화한다면 남자논쟁의 초점이 더 젊은 층인 학령기 남자에게로 이전된다는 생각도 해볼 수 있다. 그렇게 되었을 때 남자문제에 더 냉정하게 대응하기 위해서라도 청년기 남성과 학령기 남자를 문제화하는 여러 언설들의 타당성과 한계를 확인할 필요가 있을 것이다.

4. 남자논쟁을 어떻게 볼 것인가

청년기 남성 언설의 비판적 검토

먼저, 일본의 청년기 남성을 문제화하는 언설을 들여다보자. '골 칫덩이로서의 남자' 계열의 관점에 따르면 그들이 '어른'이 되지 못하는 원인은 그들 스스로가 경제적 자립이나 연애·결혼을 적극적으로 지향하지 않는 데 있다. 그러나 정규고용 비율이 줄고 비정규고용의 비율이 늘어난 배경에는 젊은이들 자신의 선택보다는, 특히 청년층 비정규고용화를 통해 중장년 남성의 정규고용을 지키고자 하는 산업계의 의향이 은폐되어 있음을 많은 논자들이 지적하고 있다.[46] 또한 남성은 여성과 달리 소득 수준이나 정규고용 여부에 따라 연애관계를 맺거나 결혼할 수 있는 확률이 크게 좌우된다.[47] 젊은 남성들이 '어른 남자'가 되지 못한 원인을 개인의 마음가짐 등에서 찾는 '골칫덩이로서의 남자'의 관점은 개인의 배후에 드리운 사회적 요인을 보지 못할 난점이 있다.

다른 한편, '어른 남자'가 되는 데 곤란을 안고 있는 남성들 사이에서 전형적으로 나타나는 '피해자로서의 남자' 계열의 관점은 암묵적이든 노골적이든 여성을 종래의 남성 '몫'을 빼앗은 가해자로 위치시킨다. 실제로 근래 일본에서는 '어른'이 되지 못하는 남성이 늘어가는 반면, '남성과 동등하게' 벌거나 높은 지위에 오르는 여성도 서서히 늘어나고 있다. 그러나 각종 정치적·경제적인 지표를 보면 일본은 여전히 압도적인 남성우위의 상태가 지속되고 있다. 남성 고용노동자 중 비정규고용 비율은 근년에 이르러 높아지고 있지만, 여성의 비정규고용 비율은 이전부터 남성보다 훨씬 높았고 현재까지도 남성 이상의 속도로 높아지고 있다.(제3장 참조) 그리고 결혼할 수 없는 남성이 는다는 것은 역으로 결혼할 수 없는 여성도 늘어난다는 것이다. 처자를 부양할 수 없는 남성이 증가한다는 것은, 자신의 노동으로 경제적 자립을 할 수 있을 만큼 벌지 못하는 여성들이 남편의 부양에 의존하는 것이 불가능해진다는 뜻이다. 따라서 남성집단과 여성집단을 전체로 비교할 경우, 여성에 비해 남성이 불이익을 당하고 있다고는 할 수 없으며, 젊은 남성들이 '어른'이 되기 어려워진 것은 여성들이 그들의 '몫'을 빼앗아버렸기 때문이라고도 말할 수 없다.

그렇다면 그들이 '어른'이 되기 어려워진 것은 무엇 때문일까? 결론부터 말하면, 여성이 남성보다 우위에 섰기 때문이라기보다는 남성지배체제가 재편되어가는 모습이라고 생각하는 것이 옳을 것이다. 총체적으로 남성의 여성에 대한 우위는 유지되면서, 그러한 남성지배체제의 혜택을 누리는 입장으로부터 배제되는 남성이 늘어가고 있다는 것이다.

가이즈마 게이코海妻径子는 종래 일본의 기업사회는 여성을 '경기景氣의 자동조절 밸브'로 삼아 남성의 정규고용을 지키는 '남자끼리의 연결고리'로 지탱해왔는데, 근래에 '남자끼리의 연결고리'에 포섭되는 자의 범주가 바뀌고 있다고 서술하고 있다. 즉, 근로의욕 표명과 지속적 성과로 가름되는 '남자다움'의 경쟁에서 승리한 자만이 '남자끼리의 연결고리'에 포섭되어 정규고용을 지키고, 그런 경쟁을 포기하거나 패한 자는 정규고용을 누릴 가치가 없는 '진짜 남자'가 아닌 자로 주변화된다는 것이다.[48] 말하자면 신자유주의하에서 재편되어가는 오늘날의 기업사회는 재정의된 '남자다움'을 성취한 일부 여성을 '명예 남성'으로 그 중심에 끌어들이는 한편, 그런 '남자다움'을 성취하지 못한 더 많은 사람들, 곧 대부분의 여성과 점점 더 많은 남성을 주변화하면서 여전히 '진짜 남자'에 의한 '진짜 남자가 아닌 자'의 지배를 유지해간다고 이해할 수 있다.[49]

그렇다면, '피해자로서의 남자' 논자들의 주장과 달리 '어른'이 되지 못한 남성은 "여자에게 진"[50] 것이 아니다. 그들은 기업사회에서의 '남자다움'의 성취를 둘러싼 남성 간 경쟁에서 진 것이다. 그들의 몫이 줄어듦으로써 가장 혜택을 누리는 것은 여성들이 아니라 기업사회의 중심에 위치하는 다른 남성들이다. 일정한 비율의 남성들을 '진짜 남자'로부터 배제하고 사회에서 주변화시키는 것은 신자유주의하에서 진행되어온 남성지배체제의 재편 과정인 것이다.

그런데 이런 현상을 눈앞에 두고도, 한편의 '골칫덩이로서의 남자' 언설은 '어른'이 되지 못하는 남성들에게 그 책임을 떠넘김으로써 그들의 '배제'를 정당화한다. 또 한편의 '피해자로서의 남자' 언설은 그렇게 배제된 남성들의 불만의 창끝을 남성지배체제의 과실果實을 가장 많이 얻고 있는 층의 남성들로부터 딴 데로 돌려, 여성에게 향하게 한다. 우리는 "젊은 남자가 글러먹었다"

든가 "여자가 나쁘다"고 하는 단순한 이분법적 사고에 갇히지 말고, 이 재편되어가는 남성지배체제하에서 일부 남성뿐 아니라 더 많은 여성들이 주변화되어가는 상황을 주시하면서 어떤 대응을 해야 하는지 냉정히 생각할 필요가 있다.

학령기 남자 언설의 비판적 검토

일본의 남자논쟁은 젊은 남성이 '어른'이 되기 어려워진 것을 논쟁의 중심으로 하는 특징을 보이지만, 학령기 남자의 문제화 조짐을 예고하는 몇 가지 움직임이 나타나고 있다. 그중에서 특히 두드러진 것이 '소년 비행의 흉악화'라는 언설의 유포다.

물론 정의상 여기서 말하는 '소년'에는 여자도 포함돼 있다. 하지만 소년감별소 입소자나 소년원 입원자의 압도적 다수를 남자가 점하고 있는 점, 특히 여자를 나타낼 경우 '소녀'로 따로 부르는 점을 고려하면, 여기서 주로 상정하는 것은 남자라고 해도 좋을 것이다. 1997년 일어난 고베神戸 연쇄아동살상사건 이후 소년에 의한 몇 가지 중대 사건이 미디어에 센세이셔널하게 보도되었다. "소년 비행이 흉악화하고 있다"는 여론이 형성되고, 이는 2000년의 소년법 개정을 포함해 소년 사건의 '엄벌화' 흐름을 뒷받침했다. 소년을 문제화하는 일련의 흐름은 '문제'의 원인을 그들의 마음이나 생활태도에서 찾고, 교육을 통해 교정하거나 아니면 그들을 배제하고 처벌함으로써 '문제'에 대처하려 한다는 점에서 영국에서 전형적으로 보이는 '골칫덩이로서의 남자' 계열에 위치한다.

많은 논자들이 지적하듯이, 장기적으로 보면 소년형법범의 검거 건수는 1980년 전반을 정점으로 감소 추세에 있고, 흉악범의 건수도 1950년대 후반을 정점으로 감소 추세에 있다. 또한 같은 종류의 '사건'을 성인이 저질렀을 경우에 비해 소년이 저질렀을 때 훨씬 강하게 비난하는 경향이 있는 점도 지적되고 있다.[51] 이런 점들을 감안하면 '소년 비행의 흉악화' 언설이나 '비행소년의 엄벌화' 흐름은 사람들의 사회불안을 소년들에 투영하여 그들을 희생양scapegoat으로 배제·처벌함으로써 불안을 해소하고자 하는 사회적 정화작용의 측면을 지닌다고 할 수 있다.[52]

청년 남성의 고용이 안정적이던 시대의 남자들은 재학 중에 품행이 조금 안 좋아도 학교 졸업 후 직장이라는 '거처'를 찾아내 사회에 포섭되고 비행으로부터도 '졸업'할 수 있었다.[53] 그런 시대에는 남자의 난폭 행동도 "남자는 그럴 수 있다"며 어느 정도 온화한 눈으로 지켜봐줄 수도 있었다. 그러나 청년 남성의 불안정한 고용 상황이 계속되고 학교에서 '거처'를 찾지 못한 남자의 다수가 졸업 후에도 '거처'를 찾지 못하는 상황이 더 현저해진다면, 앞으로 일본에서도 소년 비행 엄벌화의 흐름과 성과주의의 격화를 배경으로 하여 영국처럼 반학교적 행동을 하는 남자들을 '골칫덩이'로 간주하여 배제하는 풍조가 더욱 강해질지도 모른다. 우리는 그런 남자의 '문제' 원인을 개인에게서 찾아 그들을 일방적으로 배제하기보다는 지금까지 서술한 대로 그들을 문제시하는 우리 자신의 사회경제적 문맥에 더욱 민감해질 필요가 있을 것이다.

한편, '피해자로서의 남자'라는 관점에도 함정은 있다. 물론 이 관점은 '문제'의 원인을 남자 개인에게 돌리지 않고 사회경제적 환경에서 찾음으로써 그들을 사회로 포섭하는 방도를 모색할 수 있게 해준다. 그러나 동시에 '피해자로서의 남자'의 관점은 암묵리에 '가해자'인 여자를 상정시키고 만다. 이 틀 하에서는 '남자가 불리'하면 '여자가 유리'한 것으로, 남자에 대한 지원이 필요하면 여자에 대한 지원은 필요치 않은 것으로 간주될 우려가 있다.

그러나 '남자의 불리'라는 틀로 교육을 보게 되면 여자의 중요한 문제가 간과되거나, 남자에 초점을 맞춘 원조 자체가 여자에게 부정적인 영향을 미칠 가능성도 부정할 수 없다. 남자가 여자보다 학교생활을 즐기지 않는 경향이 명백하다고 해서, 그것이 곧 여자가 학교생활을 충분히 즐기고 있다는 보증은 되지 않는다. 비록 시험성적이나 수업 적응에 남자가 더 어려움을 겪고 있다고 해도, 그런 지표로는 잴 수 없는 다른 문제, 예컨대 남자의 폭력이나 성희롱 때문에 심각한 문제를 겪고 있는 여자가 있을 수도 있다. 또한 호주처럼 남자에 대한 지원이 공식 선언되거나 '남자에 우호적인' 커리큘럼을 도입하는 것은, 그 내용이 어떠하든, 사회와 학교가 여자에게는 기대하지 않는다는 메시지로 기능할지도 모른다.[54]

남자를 '골칫덩이'로 보든 '피해자'로 보든 간에 남자의 문제를 대할 때 중요한 것은 남자 내의 다양성을 두루 살피는 것이다. 물어야 할 것은 "남자는 문제인가 아닌가"가 아니라, "어떤 남자가 문제인가"[55] 일 것이다. 지금까지 서술한 남자 '문제'의 근거로 거론되는 '증거'의 대부분은 어느 것이나 남녀 간의 '평균적인 차'를 나타내고 있는 데 불과하다. 남자에도 다양한 남자가 있고 여자에도 다양한 여자가 있다. 학업부진에 허덕이거나 학교생활 적응이 어려운 아동·학생은 출신가정이 경제적 문제를 안고 있거나 출신가정의 문화가 학교문화에 적합하지 않은 경우가 많다.[56] 따라서 평균적으로는 남자가 학습과 학교생활 적응에서 곤란을 겪고 있다고 해도 그에 대한 보상교육을 모든 남자를 대상으로 일괄적으로 실시하면, 학업 성취와 직업 성취에 유리한 조건을 가진 층의 남자에게도 많은 혜택이 주어지는 반면, 많은 원조를 필요로 하는 층의 여자는 지원 대상에서 배제되어버릴 위험성이 있다.

또한 남자를 이것저것 따지지 않고 통째로 인식하여 원조하는 방안은 남자 내부에 발생하고 있는 젠더 관련 차별과 배제를 간과할 우려도 있다. '남자의 불리'라는 틀에서는, 호모포비아동성애 혐오 문화가 지배적인 학교환경에서 자신의 성적 지향에 관해 노골적인 차별을 받고 자신의 성적 지향을 감추면서 차별적인 발언을 감내하고 있는 성소수자들의 문제가 간과된다.[57] 남자를 위한 보상교육이라는 이름 아래 남자가 좋아하는 것으로 간주되는 보다 활동적인 학습스타일이 도입됨으로써 "얌전하고 자기주장을 잘 못하는 남자"[58]가 도리어 주변화될 가능성도 있을 것이다.

5. 젠더 관점에서의 접근

남성이냐 여성이냐가 개인 인생의 다양한 기회를 크게 좌우하거나 사회적으로 정의된 '남자다움'이나 '여자다움'이 개인의 선택을 크게 좌우한다는 의미에서, 현대 사회에서 차별과 배제는 젠더에 의해 구조화되고 있다. 따라서 차별과 배제의 문제를 젠더의 관점에서 파악하는 일은 중요하다. 여자의 문제만이 아니라 남자의 문제도 주목하고, 그에 대해 논의하거나 그로부터 뭔가 새로운 대처를 시작하는 것 자체는 충분히 의미 있는 일이다.

그러나 남녀의 차이를 절대적인 것으로 본질화하거나 남성과 여성을 동질적인 집단으로 보아서는 안 되고, "배제되고 있는 것은 남자인가 여자인가" "원조해야 할 대상은 남자인가 여자인가"와 같은 '제로섬'으로 문제를 파악해서도 안 된다. 젠더에 관한 차별과 배제의 문제에 대처할 때 무엇보다 중요한 전제가 있다. 그것은 한편으로는 지배적인 '남자다움' '여자다움'의 정의가 개인의 생활상 기회를 좌우하는 측면에 주목하는 것이며, 다른 한편으로는 동성 내의 다양성과 불평등을 두루 살펴 더 배제되기 쉬운 것은 어떤 층의 사람들인가, 가장 원조를 필요로 하는 것은 누구인가를 냉정히 따져보는 일일 것이다.

제2장

남성지배의
패러독스
―남자의 '괴로움' 재고찰―

요즘 '남자의 괴로움'이 자주 거론되고 있다. '행복하다'고 느끼는 사람의 비율도 과거 10년간 줄곧 여성보다 남성이 낮아지고 있다. 그러나 국제적으로 보면 일본은 정치와 경제의 면에서 남성이 여성에 대해 가장 우위에 서 있는 나라 중 하나다. 그런데도 왜 남성은 그렇게까지 '괴로움'을 느끼는 것일까? 남성성의 사회이론을 단서로 하여 이 모순의 정체에 다가가본다.

1. 남자는 괴롭다?

요즘 들어 '남성의 괴로움'이라는 말이 부쩍 많이 터져 나오고 있다. 각종 미디어들도 관련 특집을 편성하여 남자들이 느끼는 괴로움을 그들의 생생한 목소리로 소개하고 있다.* '집안의 기둥'으로서 일가를 유지하기 위해 계속 일해야 하는 고달픔, 거기에 더하여 가사와 육아까지도 요구받는 고달픔, 학력·직업·수입 등의 획일적인 기준으로 평가되어 다른 남성과 항상 비교당하는 괴로움, 일자리를 얻어 결혼하고 가족을 부양하는 등 '어른' 남자로서의 기대에 부응하지 못하는 괴로움, 그리고 그러한 고뇌를 아무에게도 털어놓고 말할 수 없는 괴로움 등, 다양한 '괴로움'이 이야기되고 있다.

이러한 괴로움을 반영한 때문인지 남성들의 주관적인 행복도는 여성들에 비해 낮다. 전국 조사결과를 보면, "현재 행복하다"고 대답한 사람의 비율은 2000년부터 2010년까지 8개의 조사 시점에서 모두 여성보다 남성이 낮았다.[1]

그러나 사회 전체의 거시 구조적 시점에서 보았을 때, 현대 일본 사회가 여성에 비해 남성이 우위의 사회인 것은 명백하다.

---

* 2014년 7월31일 NHK 종합TV 〈클로즈업 현대〉 "남자는 괴로워 2014—1,000인의 목소리"; 『AERA』 2014년 9월1일호 "특집 남자가 괴롭다"; 田中俊之, 『男がつらいよ』, KADOKAWA, 2015 등.

세계경제포럼이 경제·교육·보건·정치의 4분야에서 복수의 남녀 평등지표를 바탕으로 산출한 젠더 갭 지수를 보면, 일본은 2015년도에 지표 측정 가능한 145개국 중 101위였다.[2]

경제 분야를 예로 들어 일본 사회의 남성우위 상황을 구체적으로 살펴보자. 후생노동성의 「임금구조 기본통계조사」에 따르면, 2013년 시점에서 민간기업의 관리직 중 남성이 점하는 비율은 계장급에서 83.8%, 과장급에서 90.8%, 부장급에서 94.0%였다.[3] 즉, 계장급 5인 중 4인 이상, 과장급 10인 중 9인 이상, 부장급 20인 중 19인 이상을 남성이 점하고 있는 것이다. 이러한 직위상 남녀 간의 현격한 불균형은 노동시간당 급여액의 차이에도 반영된다. 2013년 상용고용자(단기간 근무를 제외한)의 급여액은 남성을 100으로 할 경우 여성이 74.8%로, 남성은 여성과 동일 시간 노동을 하고도 여성의 평균 1.34배의 급여를 받고 있다. 게다가 2014년 시점에서 여성 고용노동자는 이른바 '정규고용'이 43.3%로 절반을 밑돌고 시간제 아르바이트 등의 단시간 노동자가 44.3%로 그 비율이 더 많은 반면, 남성 고용노동자는 단시간 노동자가 10.5%, '정규고용'이 78.2%를 점하고 있다.[4]

이들 사례는 우리 사회에서 더 고차적인 의사결정에 관여하거나, 더 많은 사회적 존경을 받거나, 더 많은 경제적 이익을 얻는 기회가 여성보다 남성에게 압도적으로 더 많이 열려 있음을 보여준다.

그렇다면 우리 사회가 이처럼 철저히 남성우위의 사회인데도 왜 이렇게까지 남성의 괴로움이 거론되는 것일까? 이 장에서는 이렇게 언뜻 모순되는 '남성우위 사회에서의 남성의 괴로움'이라는 현상이 생기는 사회적 작동 구조에 대해 검토한다. 결론부터 말하면 남성의 괴로움으로 거론되는 사안의 대다수는 결코 남성이 여성보다 약자가 되었거나 우리 사회가 여성우위가 되어서 초래된 것이 아니라, 오히려 무리하게 남성우위체제를 유지하려는 데서 발생한 부작용으로 이해할 수 있다는 것이다.

이 장의 전반에서는 이 언뜻 모순되는 현상을 독해하기 위한 유효한 도구로서 남성성의 사회이론 개요를 살핀다. 후반에서는 그 이론을 포함하여 현대 일본에서 제기되는 남성의 괴로움을 3가지 측면에서 정리·파악하고, 더 많은 남성의 '괴로움'을 해소하기 위해 나아가야 할 방향은 결코 여성의 지위를 깎아내리고 남성이 우위에 서려는 것이 아니라 남녀평등을 지향하는 것임을 보인다.

2. 남성에 의한 여성의 지배

피지배자의 자발적 종속

우리 사회에서는 실체적 이익을 더 많이 얻을 수 있는 입장 또는 권위 있는 지위의 대부분을 남성이 점하고 있으며, 그러한 이익과 권위를 얻을 기회는 여성에 비해 남성이 압도적으로 많이 누리고 있다. 이렇듯 남성이 여성에 대해 압도적 우위의 입장에 있는 사회 상황을 여기서는 '남성지배'라는 개념으로 파악하기로 한다.

'지배'라는 말의 사회학적 용법에 익숙지 않은 독자에게는 여기서 '지배'라는 말을 쓰는 것이 과장되게 들릴지도 모르겠다. 일상적 감각으로는, '지배'는 폭력과 위협으로 지배자가 피지배자를 강제적으로 복종시키는 상황을 연상시킨다. 그러나 사회학에서 '지배'라는 개념을 사용할 경우 그것은 반드시 노골적 폭력에 의한 통치만을 지칭하지는 않는다. '지배'에는 피지배자가 그 지배체제를 정당한 것으로 인식하여 자발적으로 그런 지배체제에 따르는 측면도 있을 수 있다. 오히려 지배의 안정성이라는 관점에서 보면, 노골적 폭력을 써야만 피지배자가 복종하는 것은 지배가 불안정하다는 증거이며, 피지배자가 자발적으로 지배자에 따르는 상태가 더 안전한 지배라고 할 수 있다.[5]

즉, 남성지배사회라고 해서 항시 남성이 폭력이나 위협으로

여성을 우격다짐으로 복종시키고 있다('domestic violence[가정 폭력]'
는 그 전형적인 예다)고는 단정할 수 없다. 오히려 여성들이 남성이
여성보다 이익과 권위를 얻을 수 있는 사회의 존재양태를 정당
한 것으로 간주하여 자발적으로 그러한 체제에 따르는 사회 상
황을 '남성지배'라는 개념으로 파악하는 것은 사회학적인 '지배'
의 용법에 걸맞다.

경합 상태로서의 지배

또 한 가지, 여기서 말하는 '지배'의 의미를 이해하는 데 중요한
점은 '지배'란 반드시 피지배자에 대한 지배자의 전면적인 우월이
나 통제를 의미하는 것이 아니라는 점이다. 여성에 비해 남성이
압도적으로 이익과 권위에 접근하기 쉬운 사회체제하에서도 일
부 여성들이 대단히 많은 이익을 얻거나 높은 권위의 지위에 오
르는 경우가 있을 수 있으며, 역으로 남성이 평균적인 여성에 비
해 이익과 권위를 얻지 못하는 경우도 있다.

　　또한 지배자는 피지배자로부터 그 지배의 정당성에 대한 이
의 제기를 당하거나 그 지배체제에 대한 저항에 맞닥뜨릴 가능
성이 있을 수 있다. 일본의 경우, 국민은 성별 등의 선천적 속성
에 의해 차별당하지 않는다는 선언이 헌법에 명시되어 있듯이,
적어도 원칙상으로는 남녀평등의 가치가 공유되어 있다. 그러한
사회인데도 남성지배체제가 유지되고 있다면 어느 때고 여성 측
으로부터 저항이 일어날 가능성이 있다. 그럼에도 남성에 의한

지배를 지속시키고자 한다면 남성들은 그 지배의 지속을 정당화하기 위한 다양한 전략을 구사할 수밖에 없다.

지배 개념을 이렇게 파악할 때, 남성지배사회의 남성 상황을 더 깊이 이해하기 위해서는 이익과 권위가 남성에게 많이 배분되어 있는 측면뿐 아니라 그것들을 획득·보유하기 위해 남성들이 취하는 전략과 행동, 나아가 동성 내의 다양성과 남녀 세력관계의 일탈과 같은 측면도 주목할 필요가 있다. 이런 관점에서 남성지배체제의 다양한 측면과 그 정당화 전략을 논하고 있는 것이 R. 코넬의 남성성 사회이론이다.

3. 남성성 사회이론

남성성(男性性)의 복수성(複數性)

코넬의 남성성 사회이론을 이해하기 위해서는 먼저 '남성성'의 의미를 이해할 필요가 있다. 이 '남성성'은 영어 'masculinity'의 역어譯語로, 굳이 풀어본다면 '남자로서의 존재양태'라는 의미가 될 것이다.

영어 masculinity는 일상적으로 '남자답다'와 같은 의미로 사용되는 형용사 masculine의 명사형으로, 문맥상 '남자다움'으로 번역해도 지장이 없는 경우도 있다. 그러나 남성성의 사회학 sociology of masculinity이라 불리는 연구영역에서는 masculinity를 분석개념으로, 즉 호오好惡의 가치판단을 포함하지 않는 가치중립적 개념으로 문맥에 따라 다양한 구체적 내용을 가리켜 사용하기 때문에 masculinity를 '남자다움'으로 번역하면 부자연스러운 용법이 될 때가 있다. 다음에 상세히 서술하듯이, 예컨대 '종속적 남성성 subordinated masculinity'이라는 용법에서처럼, 오히려 사회적으로 '남자답지 않은' 것으로 간주되는 남성의 존재양태를 가리킬 때 masculinity가 쓰이기도 한다.

일본어에서 어떤 성질을 '남자다움'으로 표현할 경우, 그 성질의 구체적 내용과 상관없이 통상 거기에는 '남자에게 어울린다'는 의미의 긍정적 뉘앙스가 따라붙는다. 그러므로 masculinity

를 분석개념으로 사용할 경우는 '남자다움'으로 번역할 게 아니라 보다 가치중립적인 '남성성'으로 번역하는 것이 좋다.

이처럼 어떤 사회나 조직에서 남성의 존재양태는 항시 단일한 존재가 결코 아니며, 오히려 복수의 유형으로 파악해야 하는 경우가 많다. 이 때문에 본래의 영어 masculinity는 불가산명사이지만, 남성성의 사회학에서는 그런 측면을 의식하여 남성성을 masculinities라고 복수형으로 표기하는 것이 통례가 되어 있다.

헤게모니적 남성성

대개의 사회와 조직에서는 그러한 복수의 남성성 중에서도 특히 권위나 이익과 결부하여 우월한 지위를 갖는 특정 패턴이 관찰되는 경우가 많다. 그 같은 남성의 존재양태를 코넬은 '헤게모니적 남성성hegemonic masculinity'이라 부르고, 이를 남성성 사회이론의 중심에 두고 있다.[*]

코넬은 최우위의 남성성 존재양태를 나타내는 데 A. 그람시A. Gramsci로부터 유래하는 '헤게모니'[6]의 파생어 hegemonic을 쓰

---

[*] 코넬의 남성성 사회이론에 대해서는 R. W. Connell, James W. Messerschmidt, "Hegemonic Masculinity: Rethinking the Concept", *Gender & Society* 19, pp.829−859; 田中俊之, 『男性学の新展開』, 青弓社, 2009; 多賀太, 「男性性というジェンダー」, 井上俊・伊藤公雄 編, 『近代家族とジェンダー』, 世界思想社, 2010, 177−180쪽; James W. Messerschmidt, "Engendering Gendered Knowledge: Assessing the Academic Appropriation of Hegemonic Masculinity", *Men and Masculinity* (Sage Publications, 2012); 川口遼, 「R. W. コンネルの男性性理論の批判的檢討─ジェンダー構造の多元性に配慮した男性性のヘゲモニー闘争の分析へ」, 『一橋社会科学』 Vol.6, 65−78쪽.

고 있다. 여기에는 다음과 같은 의도가 들어 있다.

첫째, 그것은 단순히 '이상적인 남자다움'이나 '지배적인 남자다움'을 가리키는 개념이 아니라, 남성지배의 정당화와 재생산의 과정에 대한 비판적 분석을 의도한 개념이다. 코넬은 헤게모니적 남성성을 "가부장제의 정당화 문제에 대해 지배당하는 사람이 받아들일 수 있는 답을 구현화하여 여성에 대한 남성의 지배를 보증하는(한다고 보이는) 젠더 실천의 형태"[7]라 정의하고 있다. 즉, 복수複數의 남자 존재양태 중에서 가장 이상적이고 지배적인 것을 통해 총체적인 남성에 의한 여성의 지배라는 체제가 유지되고 정당화되는 측면을 파악하고자 의도한 개념이다.

둘째, '헤게모니적 남성성'은 단순한 남성의 문화적 이상도 아니고 또한 단지 제도적 권력을 쥘 뿐인 남성의 존재양태도 아닌, 그 양쪽 측면을 모두 포함한 개념이다. 코넬은 헤게모니를 "문화적 이상과 제도적 권력(개인의 권력이 아니라 집합적인 권력)이 다소 조화를 이룰 경우에만 성립되는 경향이 있다."[8]고 본다. 이를 근거로 한다면, 한편으로 어떤 사회조직·집단에서 남성지배체제가 어느 정도 안정되게 지속되기 위해서는 단지 남성집단에 제도적 권력이 편중 배분되어 있는 것뿐 아니라 사회 구성원이 그러한 상태를 어느 정도 승인하여 문화적으로 지지할 필요가 있고, 다른 한편으로 남성지배가 문화적으로 계속 승인되기 위해서는 그 밑받침이 되는 제도적 권력이 남성에게 편중 배분될 필요가 있다고 이해할 수 있다.

이 헤게모니적 남성성의 개념은 추상적인 분석개념으로, 이에 해당하는 구체적 남성성의 존재양태가 어떤 것인가는 개개의 사회적 맥락에 따라 개별적으로 판단되어야 한다. 사회적 상황에 따라서는 이 개념에 딱 들어맞는 유일한 구체적 남성의 존재양태를 찾아내기 어려운 경우도 있을 수 있다.

일본 사회에 대해 말하면, 1970~80년대의 기업사회에서 '샐러리맨'적인 라이프스타일(이를테면 대기업 화이트칼라, 종신고용, 연공서열, 장시간노동, 가족의 부양자, 가정 책임 회피 등)을 가진 남성이 제도적·문화적인 남성의 표준으로 위치되면서 남성지배체제를 유지해왔다고 볼 수 있다. '헤게모니적 남성성' 및 그 관련 개념을 이용하여 일본의 남성성을 분석해온 국내외 연구의 다수는 '샐러리맨'을 전후戰後 일본 사회의 헤게모니적 남성성으로 위치시켰다.[9] 다만, 뒤에 서술하듯이, 헤게모니적 남성성의 내용은 불변의 것이 아니며 시대와 더불어 변화할 수 있다.

여성에 의한 정당화

'헤게모니적 남성성'은 여성성여자로서의 존재양태 및 다른 남성성과의 관계에서 정의된다. 먼저, 여성성과의 관계부터 보자. 남성지배의 정당화 전략이 주효하고 있는 사회에서는 이상적인 '남자다움/여자다움'의 이항대립은 우위/열위, 지배/복종, 주역/보좌역과 같은 이항대립에 대응하여 정의된다. 따라서 그 같은 사회에서의 이상적인 '여자다움'은 여성에게 바람직한 것으로 정의되어 있다고 해도, 그것이 사회적인 권위나 권력과 결부되어 있지 않기 때문에 정의상 '헤게모니적 여성성'이라는 것은 생각할 수가 없다. 오히려 남성지배체제하에서 이상적인 '여자다움'을 지향하는 여성들은 권위적이고 지배적인 남성의 존재양태를 칭송하며 자진하여 종속적인 지위로 향하고, 의존적으로 혹은 보좌역으로서 행동하기도 한다. 코넬은 이러한 여성의 존재양태를 '과장된 여성성emphasized femininity'이라 부르고 있다.[10]

지금까지 일본에서 남성들이 회사 인간으로서 일에 몰두할 수 있고 직장 조직과 사회에서 높은 지위를 독점해온 것은 직장에서는 여성을 주변화하고 가정에서는 배제당한 여성=주부에게 가정 책임을 지울 수 있기 때문이었다. 이러한 사회제도를 붕괴시킬 만큼 여성들의 불만이 높아지지 않고, 도리어 적지 않은 비율의 여성들이 회사 인간인 남편으로부터 부양받는 것을 당연시하고, 자진해서 혹은 절반쯤 납득하면서 주부가 된다는 사실은 샐러리맨 모델을 통한 남성지배의 정당화 전략이 주효하고 있음의 방증이다. 이런 문맥에서, 전업주부는 '과장된 여성성'의 전형적인 예의 하나라고 할 수 있을 것이다.

다른 남성성과의 관계

또 한편으로, 헤게모니적 남성성의 헤게모니패권는 다른 패턴의 남성성에 대한 우월을 통해 성취된다. 복수의 남성성 중에서도 헤게모니적 남성성에 대해 열위의 위치에 놓인 남성의 존재양태를 코넬은 '종속적 남성성'이라 부르고 있다.[11]

앞에서 썼듯이, 모든 남성들이 남성에 의한 여성 지배의 정당화에 기여하는 헤게모니적 남성성을 체현할 수 있는 것은 아니다. 그리고 그러한 남성성을 체현할 수 없는 남성들은 종종 경멸당하거나 차별적인 대우를 받는다. 그 이유는 무엇일까? 남성지배의 정당화라는 문맥에서 이해하면, 그들의 존재가 남성지배의 정당성을 위협하기 때문이다. 여성에게 우월하고 여성들이 자진해서 종속당하려고 하는 남자의 존재양태를 체현할 수 없는 남성이 실제로 존재한다는 것은 남성지배의 정당화에서 '불편한 진실'이다. 그래서 그러한 남성들을 '남자'의 주변적인 존재로 위치시키거나 '진짜 남자'의 범주에서 배제해야만 가까스로 "남자는 여자의 지배자로서 합당한 존재다."라고 사회 구성원을 설득할 수 있는 것이다.

코넬은 종속적 남성성의 전형적 예로서 동성애자 남성이나 연약한 남성의 존재를 들고 있다. 이 개념을 경제적인 문맥으로 끌어들여 이해하면, 일본처럼 가족의 부양 책임을 떠맡는 것을 이상적인 남성성의 존재양태로 간주하는 풍조가 강한 사회에서는 그런 수입을 얻지 못하는 남성의 존재양태를 종속적 남성성의 한 유형으로 이해하는 것도 가능할 것이다.

남성지배에 대한 가담

종속적 남성성을 폄하하고 그것과의 비교를 통해 헤게모니적 남성성을 지지·칭송하는 등의 실천을 하는 것은 헤게모니적 남성성을 완전히 체현하고 있는 남성만일까? 그렇다고 단정할 수는 없다.

남성지배의 정당화가 성공적으로 이루어지는 조건하에서 헤게모니적 남성성은 일정 정도 남성의 이상으로 간주되므로, 그것을 체현할 수 없는 남성일지라도 그러한 남성성을 부정적으로 보기는커녕 오히려 동경하는 경우도 적지 않다. 또한 비록 헤게모니적 남성성을 체현하지 못해도 그것을 체현하고자 지속적으로 노력하거나 그것을 체현하기 위한 경쟁에 계속 참가함으로써 종속적인 입장에 위치되는 것을 간신히 면하는 경우도 있다. 그러한 실천은 결과적으로 헤게모니적 남성성의 헤게모니를 뒷받침하는 행위가 된다.

이렇듯 많은 남성들은 스스로는 헤게모니적 패턴을 체현할 수 없음에도 그것을 지지·칭송함으로써 남성지배체제의 유지와 정당화에 가담한다. 이러한 가담을 통해 결과적으로 그들은 '가부장제의 배당patriarchal dividend', 즉 집단으로서의 여성 종속으로부터 집단으로서 남성이 얻는 이익과 위신의 '할당'을 받는다. 이러한 가담의 실천을 코넬은 '공범complicity'이라 부르고 있다.[12] 여성일지라도 헤게모니적 남성성을 지지·칭송하고 그런 남성과의 사적 연결을 통해 이 '할당'을 얻을 기회가 있다고 한다면, 그런 여성 또한 이 '공범'에 가담하고 있다고 해야 할 것이다.

이처럼 페미니스트가 '가부장제'라 불러온 남성지배의 사회구조는 적어도 현대 선진 산업사회에서는 모든 남성이 모든 여성을 똑같이 지배하는 단순한 구조라기보다 "어떤 남성들이 다른 남성들과 대부분의 여성들을 지배하는 시스템"[13]으로 파악하는 게 합당할 것이다. 거기에서는 여성의 종속을 정당화할 수 있는 특정 남성의 존재양태가 다른 유형 남성의 존재양태를 폄하하면서 스스로를 '진짜 남자다움'으로 이상화하고, 그를 통해 전체로서 남성의 여성 지배를 정당화하는 메커니즘이 작동하고 있다.

헤게모니적 남성성의 변화

그러나 그 같은 남성지배의 사회구조는 영속적이라 할 수 없다. 코넬은 "'헤게모니적 남성성'은 언제 어디서든 불변하는 고정적 특성이 아니다. 그것은 주어진 젠더관계의 패턴에서 패권적인 위치를 점하는 남성성이며, 항상 경합의 대상이 되는 위치에 있다."[14]고 쓰고 있다. 이 말은 젠더질서의 가변성과 역사성을 의도하고 있다.

사회 구성원이 (여성이 아니라) 남성이 지배자에 걸맞다고 생각하거나, 사회 구성원이 이상으로 간주하는 남성상이 제도적 권력의 유지와 연결되어 있는 한 남성지배는 더욱 안정된다. 그러나 역으로 사회 구성원이 남성에게 편중된 제도적 권력 배분을 의문시하거나, 제도적 권력의 남녀 간 평등 공유를 지향하는 남성상을 남성의 이상으로 간주하면, 남성지배의 정당성은 흔들리게 된다. 페미니즘은 바로 이러한 남성지배의 정당성에 대한 이의 제기인 것이다.

또한 종속적 입장에 위치한 남성들로부터 헤게모니적 남성성의 정의에 대한 저항운동이 발생하는 경우도 있다. 이성애중심주의에 이의를 제기하는 동성애자해방운동gay liberation이나 헤게모니적 남성성의 좁은 정의로부터 남성의 해방을 목표하는 남성해방운동men's liberation 등이 그 예들이다.

하지만 그러한 저항운동이 결실을 맺어 헤게모니적 남성성의 정의가 변화하면 필연적으로 남성지배체제가 붕괴하고 남녀평등의 질서가 형성되리라고는 단정할 수 없다. 새로이 정의된 이상적인 남성의 존재양태 또한 남성의 여성 지배를 정당화하는 성질의 것이라면, 헤게모니적 남성성의 구체적인 의미 내용이 변화한 것일 뿐 여전히 남성지배의 헤게모니는 유지된다.

4. 남성지배하에서 남성의 괴로움

남성지배체제의 재생산과 정당화에 관한 이론적 고찰에 근거한다면, 현대 일본 사회에서 남성이 겪는 괴로움을 적어도 다음의 3가지 측면에서 파악할 수 있다. '지배의 비용' '남자로서의 박탈감' '역할기대의 증대'가 그것이다.

지배의 비용

사회학자 M. 메스너^{Michael A. Messner}는 남성 존재양태의 다양한 측면을 제시하면서, "집단으로서 남성들은 집단으로서 여성들의 희생을 통해 제도적 특권을 향유하고 있"[15]지만, 동시에 "남성들은 그들에게 지위와 특권을 가져다줄 것을 약속하는 남자다움의 좁은 정의에 합치하기 위해—희박한 인간관계, 불건강, 단명이라는 형태로— 다대한 비용을 지불하기 십상이다."라고 하여 후자의 측면을 '남자다움의 비용 the cost of masculinity'이라 부르고 있다.[16] 남성들이 겪는 '괴로움'의 일정 부분은 집단으로서 남성이 여성에 대한 우월을 달성·유지하기 위해 떠안아야 하는 물리적·정신적 부담, 혹은 그러한 부담의 결과로 남성에게 생기는 다양한 폐해로 이해할 수 있다.

이를테면 남성들은 고용과 수입 면에서 여성들에 비해 유리한 상황에 놓여 있지만 반면 여성들로부터 직업적인 책임과 가장의 부양 책임을 기대받고 있다. 국립사회보장·인구문제연구소가 2013년에 실시한 제5차 전국가정동향조사에 따르면, 유배우^{有配偶} 여성의 67.0%가 "남편은 회사 일과 가정 일이 겹칠 때는 회사 일을 우선해야 한다."는 생각에 찬성("전적으로 찬성" 13.3%, "대체로 찬성" 53.9%)으로 답하고 있다.

다수의 남성들도 가족의 부양 책임을 내면화하고 있다. 메구로 요리코^{目黒依子} 들이 2004년에 도쿄도 거주 25~49세의 남성을 대상으로 실시한 설문조사에 따르면, '자립'에서 "가족을 부양할 수 있다."는 것이 얼마나 중요한지 물은 결과, 여성의 자립에서 "무척 중요"하다는 응답이 15.0%인 반면 남성의 자립에서 "무척 중요"하다는 응답은 71.6%로 7할 이상이었다.[17]

이러한 풍조에 호응하여 유급노동에 종사하는 사람의 비율은 여성보다 남성이 많다. 2013년의 노동인구는 여성이 약 2804만 명인 데 비해 남성은 약 3773만 명으로 남녀 비는 43:57이다. 또한 남성 노동자는 여성 노동자보다 평균 노동시간이 더 길다. 후생노동성의 「매월근로통계조사」에 의하면, 파트타임 노동자를 포함한 2014년의 연간 총 실노동시간은 여성이 평균 1,421시간인데 남성은 평균 1,810시간으로 여성보다 약 1.27배가 많다.[18] 극단적으로 장시간 노동을 하는 사람의 비율도 여성에 비해 남성이 많은 경향이 지속되고 있다. 총무성의 노동력 조사에 따르면, 고용노동자 중 주^週노동시간이 60시간 이상인 자의 비율은 1990년 여성 5.0%와 남성 22.2%, 2000년 여성 3.9%와 남성

17.4%였는데, 2010년에도 여성은 3.2%, 남성은 14.0%다. 장기적으로 보면 장시간 노동인구의 비율이 감소하는 경향이지만 여전히 여성에 비해 남성이 많은 상태다.[19]

이 같은 노동환경의 차이는 단순한 생활상의 괴로움 차원을 넘어 심신의 건강 면에서도 남성에게 더 부정적인 결과를 초래한다. 공표된 데이터가 좀 오래된 것이긴 하지만, 1998년도에서 2002년도까지의 모든 연도에서 '과로사' 등으로 인정된 사안의 90∼97%는 남성이었다.[20] 경찰청 통계에 의하면 야마이치山―증권의 폐업이나 홋카이도다쿠쇼쿠北海道拓殖은행의 파산과 같은 경제혼란의 여파로 기업의 인원 삭감이 대대적으로 실시된 1998년부터 2010년까지의 13년 동안, 자살자 중 남성의 비율은 내리 7할을 넘었고 2011년 이후에도 68∼69%를 보이고 있다.

여기서 주의해야 할 점은 남성들이 이러한 '괴로움'에 직면해 있는 것은 결코 여성지배의 사회가 되었기 때문이 아니라는 점이다. 장시간 노동과 그것이 야기하는 최악의 결과인 과로사·과로자살이 남성에게 압도적으로 편중돼 있다는 사실은 노동시장에서 고용·승진 기회와 그로부터 얻는 소득 또한 남성에게 압도적으로 편중 배분되어 있다는 사실과 표리일체 관계를 이룬다. 남성이 여성보다 "약점을 보여서는 안 된다" "경쟁에서 이겨야 한다"와 같은 압박에 노출되기 쉬운 것은 남성지배의 정당화를 지속하기 위해 '지배자'답게 행동할 것을 요구받기 때문이며, 그 대가로 적어도 집단 차원에서는 남성이 여성보다 더 많은 이익과 권위를 얻을 수 있기 때문이다.

즉, 이런 '괴로움'들은 남성지배체제를 유지하고 그로부터 이익과 권익을 얻기 위해 남성이 부담해야 할 '지배의 비용'인 것이다. 특히 여성에게도 다양한 기회가 열리고 조금씩 남녀격차가 축소되는 가운데서도 남성지배를 유지하려고 한다면 집단 차원에서 그러한 지배의 비용은 더욱 늘어날 수밖에 없다.

단순한 논리로 생각하면, 이런 '괴로움'들에서 해방되고 싶다면 헤게모니적 남성성의 성취를 지향하지 않으면 된다. 그러나 현실에서는 남성이 그렇게 할 수밖에 없는 다양한 사회적인 힘이 작동하고 있다.

하나는, 코넬이 '가부장제의 배당'이라 부르는, 남성지배체제하에서 남성이라는 이유로 얻는 이익과 권위의 매력이다. 그것들을 얻을 수 있거나 넘겨주지 않아도 된다면, 앞에서 말한 비용의 지불을 마다할 남성은 그리 많지 않을 것이다. 남성지배가 주효하는 사회에서는 사회적인 성공이나 그에 수반하는 이익과 권위는 이상적인 여성성이 아니라 이상적인 남성성과 강고히 연결되어 있다. 그런 조건하에서는 남성으로서의 평가와 자기긍정감은 어느 만큼 높은 지위에 오르고 얼마나 많은 수입을 얻느냐에 따라 크게 좌우된다. '남자로서' 평가받고 높은 자기긍정감을 갖고 싶어 하는 남성이라면 자신에게 적합하지 않은 비용을 지불하고서라도 더 많은 이익과 권위를 구하는 경우도 있을 것이다.

또한 그렇게까지 많은 이익과 권위를 바라지 않는 남성들에 대해서도 그것들을 둘러싼 경쟁에서 '내려오지 않도록' 하기 위한 남성끼리의 상호감시[21] 메커니즘이 작동하고 있다. 헤게모니적 남성성을 체현할 수 없더라도 그 성취를 지향하는 경쟁에 지속적으로 참가하는 것, 그러기 위한 노력을 계속하는 것, 혹은 적어도 헤게모니적 남성의 존재양태를 지지하는 것이 면죄부가 되어 남성집단 내에서 주변화되거나 배제당하는 것을 간신히 면하는 경우도 있을 수 있다. 그러나 헤게모니적 남성성의 성취를 목표로 하는 경쟁에 참가하지 않거나 그 가치를 인정하지 않는 남성은 흔히 '남자이기를 포기한' 자, '남자가 아닌' 자와 같은 딱지가 붙어 폄하된다. 즉, 헤게모니적 남성성을 달성하기 위한 비용의 지불을 그만둔다 해도, 결국 남성들은 그러한 비용을 계속 지불하는 것과는 다른 종류의 '괴로움'에 직면하게 된다. 이런 상황을 피하기 위해 절반은 본의와 상관없이 헤게모니적 남성성 성취를 위한 비용을 지불하는 남성도 적지 않을 것이다.

남자로서의 박탈감

여성에 비해 남성에게 이익과 권위가 집중돼 있다는 것은 어디까지나 집단으로서 여성과 남성을 비교했을 때 말할 수 있는 것이다. 집단으로서 남성이 누리고 있는 특권은 개개 남성들 사이에서 대등하게 공유되고 있다고 할 수 없으며, 오히려 많은 경우 불평등하게 배분되고 있다. 메스너는 이러한 측면을 '남성 내의 차이와 불평등differences and inequalities among men'이라 부르고 있다.

　헤게모니적 남성성을 칭송하고 그 성취를 지향하는 경쟁으로부터 이탈하지 않아야 남성집단 속에서 주변화되거나 배제당할 위험성이 낮아진다고는 해도, 헤게모니적 남성성으로부터 동떨어진 남성, 예컨대 현대 일본으로 말하면 가족을 경제적으로 부양할 수입의 획득이나 그것이 가능할 정도의 사회적 성공을 달성하지 못한 남성은 모종의 박탈감[*]을 맛보기 십상이다. 이것이 적지 않은 남성들이 경험하고 있는 '괴로움'의 두 번째 측면이다.

　여기서 중요한 것은, 더 많은 이익과 권위의 획득을 가능케 하는 기회가 우연에 의해 좌우된다기보다는, 개인의 노력으로 제어할 수 없는 사회적 속성이나 기타 사회적 조건에 의해 크게 규정되고 있다는 점이다. 예를 들어 미국 사회의 경우 헤게모니적 남성성의 정의에서 백인인 것, 이성애자인 것, 사회경제적 계층이 중류 이상인 것이 큰 비중을 점하고 있다고 할 수 있으며, 유색인종 남성, 동성애자 남성, 사회경제적 하위층의 남성은 그런 특징만으로도 남성 내에서 주변화되거나 종속적인 입장에 위치되기 쉽다.[22] 인종이나 성적 지향은 본인의 의사나 노력으로는 결코 바뀔 수 없으며, 성인 이후의 사회경제적 지위가 출신 가정의 그것으로부터 상당한 영향을 받기 쉬운 것은 구미뿐 아니라 일본에서도 실증되고 있다.[23]

　세대 또한 남성 내에서의 이익과 권위에 대한 접근 기회를 크게 좌우할 수 있는 요인의 하나인데, 이것 역시 개인이 제어할

[*]　　여기서 쓴 '박탈감'이란 표현은 제87회 일본사회학회대회 심포지엄 「변용하는 기업 중심 사회의 남성학적 해부」(고베[神戶]대학 2014년 11월23일)에서 필자와 함께 등단한 이토 기미오(伊藤公雄) 씨가 남성의 괴로움을 '박탈감의 남성화(masculinization of deprevation)'라 표현한 데서 힌트를 얻었다.

수 없다. 예를 들어 어느 정도의 급여를 받을 수 있는가는 세대에 따라서도 크게 다를 수 있다. 국세청의 「민간급여실태통계조사」에 의하면, 1년 이상 근속한 급여소득자 남성의 평균 급여는 남녀별 집계가 시작된 1978년에는 308만 엔이었지만 5년 후인 1983년에는 399만 엔, 그 6년 후인 1989년에는 493만 엔으로 약 100만 엔씩 내리 상승하다가, 1997년에는 과거 최고 액수인 577만 엔을 기록했다. 급여 인상에 맞물려 물가도 상승하고 있지만, 이 시대의 급여소득자 남성들은 적어도 경제적인 측면에서는 기대역할에 어느 정도 부응함으로써 남자로서의 자존감을 높일 수 있는 조건하에 놓여 있었다. 그러나 1990년대 말부터 남성의 급여 수준은 저하하기 시작하여 2009년에는 마침내 499만9천 엔으로 500만 엔을 밑돌았고, 그 후 조금 나아지긴 했지만 2013년에도 510만 엔 정도로 1980년대 후반의 수준에 머물고 있다.

이 같은 남성의 전체적인 급여액 인상의 둔화에 대응하여 남성 임금 곡선의 상승 각도도 둔화하고 있다. 연합의 조사에 따르면, 1997년부터 2012년까지의 15년 사이에 고졸 남성의 임금은 30대부터 50대까지 모든 연령층에서 임금 고수준층, 중간층, 저수준층 할 것 없이 월수입이 수천 엔에서 수만 엔 감소하고 있다. 대졸 남성의 경우, 임금 고수준층에서는 15년 사이에 그다지 변화가 없었으나, 중간층과 저수준층에서는 역시 30대부터 50대에 걸쳐 일관되게 임금 저하 경향이 보인다.[24] 현대의 남성들이 예전에 가파른 급여액 인상을 경험한 윗 세대의 남성들과 자신들을 비교했을 때 일종의 박탈감에 내몰리리라고 충분히 생각해

볼 수 있다.

한편, 여성 급여의 경우는 1993년에 270만 엔을 넘은 이후 1998년과 2000년에 과거 최고액인 280만 엔을 기록했고 최저였던 2012년에도 268만 엔을 기록하는 등 거의 변함이 없다. 절대 액수로 보면 명백히 남성의 소득이 많지만, 여전히 남성에게 가족의 부양 책임이 요구되는 풍조하에서 남성의 급여액이 저하하면서 남녀 간 급여액 격차가 서서히 축소되고 있다. 이런 가운데 남성 중에는 기대역할을 충족하고 있지 못하다는 좌절감, 혹은 그런 역할을 앞으로도 못하지 않을까 하는 불안감에 시달리는 사람도 적지 않을 것이다.

사실, 남성들이 경험하는 이러한 박탈감 자체는 남성의 특권의식과 표리일체의 관계를 이루는 것이며, 모종의 여성경멸에 기초한 것이라고 할 수 있다. 이제껏 그리고 현재에도, 여성보다 남성에게 더 많은 사회경제적 이익과 권위가 배분되어온 것 자체가 문제이며, 남성이라면 이 정도의 이익과 권위를 얻는 게 당연하다는 특권의식이야말로 바로잡지 않으면 안 된다.

그러나 개개의 남성들은 사회적 진공眞空 상태에서 그러한 특권의식을 제 마음대로 만들어내고 있는 것이 아니다. 그들의 의식은 그러한 '특권'의 획득을 향한 경쟁으로부터 '내려오지 않게 하기'를 위한 남자끼리의 상호감시 속에서 형성되고 있다.

더구나 남성들을 헤게모니적 남성성의 성취로 내몰거나 종속적인 남성성을 폄하하는 행위에 가담하는 것은 남성만이 아니다. 여성 또한 거기에 한 역할을 하고 있다. 남편이 가정보다 일을 우선해야 한다는 생각에 찬성하는 유배우여성이 3분의 2 이상을 차지한다는 것은 앞에서 말했다. 이에 더하여 젊은 여성들을 인터뷰한 결과, 자신이 '비정규고용'이든 '정규고용'이든 관계없이 그녀들은 결혼상대로 '비정규고용' 남성을 기피하는 경향이 있음이 밝혀지고 있다.[25] 또한 실제로 여성의 경우 직업의 유무나 고용 형태에 따라 결혼 확률이 거의 다르지 않은 데 비해, 남성은 '정규고용' '비정규고용' '무직'의 순서로 결혼 확률이 낮아지고 있음이 분명하게 확인되고 있다.[26]

이처럼 사회적 성공과 부양 책임에 대한 여성들의 기대에 충분히 부응하는 것은 남성 중에서도 더욱 헤게모니적인 타입의 남성들이다. 보다 종속적인 쪽에 위치한 남성들은 그러한 여성들의 기대에 부응하지 못할 뿐 아니라, 그로 인해 점점 더 궁지에 내몰리게 된다. 따라서 그런 남성들이 여성이라면 면할 수 있는 돈벌이 책임과 사회적 성공, 리더십, 약한 소리를 내지 않는 자세 등을 기대받고 그것들을 해내지 못하면 여성과의 파트너십을 쌓기 어려운 현상에 불합리함을 느끼거나, 남성들에게 가혹한 기대를 쏟고 있는 여성들을 향해 불만을 터뜨리고 싶어 하는 기분은 이해할 수 있는 일이다.

그러나 여성들이 남성들에게 돈벌이 책임과 사회적 성공, 리더십과 약한 소리를 내지 않는 자세 등을 기대한다고 해서, 그것이 반드시 여성이 남성을 지배하고 있다는 의미는 되지 않는다. 앞에서 고찰한 남성지배의 유지·정당화 메커니즘을 근거로 한다면, 그러한 여성들의 기대는 오히려 남성지배의 정당화 전략에

감쪽같이 편승하고 있는, 혹은 그것을 충분히 인지하고 있으나 남성에 비해 사회경제적으로 기회가 제한된 불리한 상황에서 불가피하게 채택하고 있는 생존전략으로 이해해야 할 것이다. 어쨌든 여성들의 부양 기대나 의존심은 거시적인 사회구조 차원에서 보면, 결국 남성우위의 구조를 유지하고 여성의 사회경제적 지위를 낮은 상태로 두는 데 기여하고 있다. 이렇듯, 헤게모니적 남성성을 성취하지 못하는 남성들의 박탈감을 수반하는 가운데, 보다 우위의 남성이 여성과 그 밖의 남성을 종속시키면서 전체로서의 남성에 의한 여성 지배가 재생산되고 있는 것이다.

역할기대의 증대

남성이 '괴로움'을 경험하는 또 하나의 측면은 남성에 대한 기대역할의 증대로 이해할 수 있다. 종래 남성지배의 젠더질서하에서 남성에 대한 기대역할과 행동은 그대로인데, 거기에 남녀평등화의 진전에 따라 새로운 역할을 맡을 것과 지금까지와는 다른 양식으로 행동할 것을 기대받음으로써 남성들은 이중의 부담감과 딜레마에 시달리는 일이 드물지 않게 되었다.

그 가장 전형적인 예의 하나가 기혼남성에게 가족 부양 역할 외에 가사·육아 역할도 기대하게 된 점일 것이다. 1990년대 후반경부터 미혼여성 사이에 나돌았던 "남자는 일과 가사, 여자는 가사와 취미(적인 일)"라는 '신·전업주부 지향'[27]이나 젊은 기혼여성 사이에서 이야기되던 "아빠는 직업과 육아의 양립, 엄마는 육아 우선"이라는 '행복한 가정 지향'[28]과 같은 것이다. 이처럼 여성은 종래의 역할에 그대로 머문 채 남성에게는 종래의 역할 뿐 아니라 전에는 여성이 맡아왔던 역할도 기대하는 경향이 여성들 사이에서 어느 정도 높아가고 있음이 지적되었다.

또한 앞에서 언급했듯이, 제5회 전국가정동향조사의 결과 유배우여성의 67.0%가 "남편은 회사 일과 가정 일이 겹칠 때는 회사 일을 우선해야 한다."는 생각에 찬성한다고 응답했는데, 같은 조사에서 유배우여성의 80.5%가 "남편도 가사와 육아를 평등하게 분담해야 한다."는 생각에 찬성("전적으로 찬성" 23.3%, "대체로 찬성" 57.2%)으로 응답하고 있다. 이는, 적어도 유배우여성 전체로 보면, 남성에 대해 부양 책임과 가사·육아의 평등 분담이라는 이중 부담을 요구하는 경향이 강해지고 있음을 보여준다.

하지만 이는 어디까지나 여성들의 희망일 뿐이며 실태는 꼭 그렇지 않다. 실제로 남성의 가사·육아 시간은 여성에 비해 압도적으로 짧다. 총무성 통계국 「헤이세이23년(2011년) 사회생활기본조사」에 따르면, 부부와 자녀로 이루어진 세대에서 주당 가사 등에 소비하는 시간은 남편이 취업자이고 아내가 무직자인 세대의 경우 아내 7.43시간, 남편 0.46시간이고, 맞벌이 세대에서도 아내가 4.53시간인 데 비해 남편은 0.39시간으로, 세대 유형과 상관없이 남편의 관여도가 대단히 적다. 유급노동과 가사노동 등의 시간을 합친 총 노동시간은 남편이 취업자이고 아내가 무직자인 세대는 아내가 7.47시간, 남편은 9.10시간으로 남편의 시간이 상당히 길지만, 맞벌이 세대에서는 아내 9.27시간, 남편 9.09시간으로 차이가 작기는 하지만 아내 쪽이 더 길다. 이런 가운데 특히 맞벌이 아내들 사이에서 남편의 가사 참여 부족에 대한 목소리가 이전보다 더 커지게 되었다.[29]

그러나 동시에 여성의 남성에 대한 "일도, 가사·육아도"라는 기대가 정신적으로 남성들을 몰아세우는 측면이 있는 것도 사실일 것이다. 일본 남성은 다른 외국 남성에 비해 압도적으로 긴 시간의 노동을 하고 있다. 더욱이 일본의 현재 고용노동 관행 하에서 정규고용 사원의 다수는 노동자 개인이 노동시간을 크게 제어할 수 없으므로, 일정 정도 이상의 노동시간을 줄이고자 할 경우 가족의 부양 책임을 질 만한 수입이 보장되는 고용상의 지위를 잃어버릴 우려가 있다. 특히 아내가 가사 전업인 경우, 가족의 부양 책임을 혼자 떠맡으면서 가사·육아 부분도 아내와 더 평등하게 할 것을 요구받으면 실제 행동이야 어떻든 그 부담감은 클 것이다.

그런데 그러한 부담감을 감내하면서도 가족 부양 책임을 한 몸에 떠맡으면서 가사·육아 책임도 부분적으로 떠안는 남성의 존재양태는 거시적인 구조적 시점에서 보면 남성지배체제의 유지에 기여한다고 할 수 있다. 남성들이 지금까지의 작동방식을 바꾸지 않으면 여성에 대한 직업적 기회는 열리지 않고, 노동시장에서 남성지배는 그대로 유지된다. 그리고 남편에게 경제적 부양의 책임을 지우는 동시에 가사와 육아도 돕게 함으로써 가정에서의 생활이 편안해진 여성들이 직업 영역에서 남성들과 겨루려 하지 않고 지금 이상으로 가정을 안락한 곳으로 여기게 되면 노동시장에서 남성지배체제는 오히려 안정화되고 남편들도 가정에서 '기둥'의 지위를 계속 지킬 수 있게 된다. 가정의 부양 책임을 그대로 떠맡은 채 가사·육아의 책임도 부분적으로 맡으라는 기대에 부응해야 하는 남편들의 '이중 부담'은 아이러니하게도 남녀평등화의 진행 속에서 남성지배체제의 유지와 그 정당화를 위한 '지배 비용'의 상승이라는 측면도 가지고 있는 것이다.

5. 괴로움의 비대칭성

이 장에서는 남자의 괴로움에 초점을 맞췄기 때문에 여성의 괴로움에 대해서는 남성의 그것과 비교하는 수준에서 아주 작은 부분만 언급했다. 그러나 여성들도 다양한 괴로움을 안고 있으며, 개중에는 '괴로움'이라는 말로 표현하기에는 너무나 가혹한, 생존권을 위협받는 상황에 놓인 여성도 적지 않다. 기혼여성의 약 4명 중 1명이 배우자나 파트너로부터 폭력 피해를 당한 경험이 있으며, 그 가운데 9명 중 1명은 생명의 위험을 느낀 적이 있다.[30] 또한 '빈곤의 여성화'라는 말이 있듯이, 남성에 비해 극히 불리한 고용취업조건으로 인해 빈곤층 여성의 비율이 높다. 특히 남성의 수입에 의존할 수 없는 모자母子 세대의 경우, 다른 유형의 세대에 비해 상대적 빈곤율국민을 소득 순으로 늘어놓았을 때 소득이 중위 소득의 50% 미만인 계층의 비율이 압도적으로 높아서 50%를 넘어선다.[31]

그런데 여성의 괴로움과 남성의 괴로움을 비교하여 여자와 남자 중 어느 쪽이 더 괴로운가를 따지려는 논의는 별로 생산적이라고 할 수 없다. 물론 현 시점에서 한정된 예산과 인적자원을 남자와 여자 중 어느 쪽에 집중 투입해야 하는가를 생각할 때는 어느 정도 유효할 수도 있겠으나, 남녀 각각의 괴로움을 해소하는 데는 그다지 유익할 것 같지 않다.

이 장에서는 현대 일본 사회에서 남성의 괴로움이 야기되는 구조적 요인에 대해 검토하고, 그것을 남성지배체제를 유지하기 위한 폐해 내지 부작용으로 이해하는 방식을 살펴보았다. 그로부터 확인되는 것은 우리 사회가 남성지배의 구조를 이루고 있는 한 남성들이 '남자로서' 경험하는 괴로움과 여성들이 '여자로서' 경험하는 괴로움은 그 본질에서 비대칭적이라는 것이다. 여성 괴로움의 본질은 남성우위의 사회구조하에서 능력 발휘, 성공, 상승의 기회가 박탈당하거나 제한된다는 것, 즉 사회적 성취의 저해에 있다. 반면, 남성 괴로움의 본질은 남성우위의 사회구조를 유지하기 위해 능력 발휘, 성공, 상승으로 내몰리고 있는 것, 즉 사회적 성취를 향한 강박에 있다.

이런 점들을 근거로 할 때, 남녀 모두 '남자다움'과 '여자다움'에 묶여 '괴로움'을 겪고 있다는 이해만으로 끝나버린다면, 젠더화한 사회구조에서 거시적 권력구조와 그로부터 비롯되는 남녀 경험의 비대칭성을 보지 못하는 나이브한 관점에 그칠 수밖에 없다.

그러나 동시에 이 장의 이론적 검토로부터 '남자의 괴로움'과 '여자의 괴로움'의 공통점도 명백해졌다. 즉, 양쪽 다 성별에 따른 고정적 역할과 남성우위의 질서를 강제하는 사회적 압력으로부터 생겨나고 있다는 점이다.

따라서 남녀 쌍방의 괴로움을 경감시키기 위해 향해야 할 방향은 남성을 경제적 이익과 권위의 면에서 우대하는 것을 조건으로 그들에게 여성에 대한 부양과 보호의 책임을 요구하는 것이 아니며, 또한 종래 남성의 존재양태를 그대로 둔 채로 여성들에게 남성과 같은 사회적 성취를 요구하는 것도 아닐 것이다. 취업을 통해 사회에 공헌하고 경제적으로 자립하는 것과, 가사·육아·지역활동 등을 통해 주변 사람들의 생활을 돕는 활동을 하는 것, 그 양쪽의 기회를 남녀가 대등하게 얻고 또한 그 양쪽에 대해 남녀가 대등한 책임을 지는, 그런 사회의 실현을 지향하는 것이야말로 남녀 쌍방의 인권 보장과 괴로움의 해소로 이어지는 방향이 아닐까?

제3장

하락하는
'남자다움'의 시장가치
—산업구조의 변화와 남성지배의 재편—

근대사회를 가리켜 흔히 능력에 따라 지위와 수입이 결정되는 능력주의 사회라고 말한다. 그렇다면 이제껏 여성의 사회적 지위와 수입이 남성보다 낮았던 이유는 무엇일까? 여성의 능력이 뒤떨어졌기 때문일까, 아니면 그 능력주의란 것이 표면상의 원칙에 불과했기 때문일까? 최근 산업구조의 변화와 맞물려 업무상 요구되는 '능력'에 변화가 생긴 것을 주목하면서, 여전히 남성우위인 노동시장의 재편 과정과 그 배경을 살펴본다.

1. 남성 고용의 불안정화

1960년대 후반부터 1980년대까지, 일본의 대다수 남성 고용노동자는 안정된 고용과 수입을 얻을 수 있었다. 그러나 1990년대가 되자 특히 젊은 세대 남성의 경우 안정된 고용과 수입의 가능성이 서서히 낮아지고 있다. 한편, 여성은 예전부터 노동시장에서 남성보다 압도적으로 불리한 입장에 놓여 있었고 현재도 그런 경향은 변함이 없다. 따라서 이 같은 여성의 상황을 도외시한 채 남성의 고용 상황만을 특별히 문제 삼는 데는 신중하지 않으면 안 된다.

그런데 여성들이 노동시장에서 남성에 비해 불리한 입장에 놓여 있었던 이유는 무엇일까? 그리고 왜 최근에 이르러 남성의 고용 상황도 불안정해졌을까? 전자의 질문에 대해서는 페미니즘과 여러 사회과학 분야에서,* 후자에 대해서는 산업구조와 고용구조의 변화 관점에서 다양한 설명이 이루어져왔다.[1]

이 장에서는 그러한 연구성과를 근거로 하면서도 이들 문제

---

* 페미니즘 분야에서는 마르크스주의 입장의 '물질구조결정론', 사회화이론에 기초한 '주체선택론', 포스트구조주의 입장의 '언설구조결정론' 등(山根純佳, 『なぜ女性はケア労働をするのか―性別分業の再生産を超えて』, 勁草書房, 2010)이 있고, 경제학에서는 '자주선택론'과 '통계적 차별론' 등(川口章, 『ジェンダー経済格差』, 勁草書房, 2008)이 있으며, 교육사회학에서는 '숨겨진 커리큘럼'과 여자의 야심의 '냉각'에 기초한 설명 등(天野正子, 「性(ジェンダー)と教育研究の現代的課題―かくされた「領域」の持続」, 『社会学評論』第39巻第3号, 1988, 266-283쪽)이 있다.

를 특히 노동시장이 요구하는 능력과 젠더와의 관계성 변화라는 관점에서 생각해보고자 한다. 근대사회는 능력에 따라 직무가 배분되고 보수가 지급되는 '메리토크라시meritocracy'[2] 사회로 일컬어져왔다. 그렇다면 노동시장에서 여성에 비해 남성이 유리했던 것을 어떻게 이해해야 할까?

결론부터 말하면, 능력주의적 노동시장에서 남성이 우위에 섰던 것은 부분적으로는 그 '능력'이 여성에 비해 남성에게 유리한 것으로 정의되고 있었기 때문이며, 부분적으로는 능력주의가 지금에 비해 철저하지 않았기 때문이다. 그리고 근래에 남성의 고용이 더 불안정해진 것은 부분적으로는 사회적으로 요청되는 능력의 질이 변화했기 때문이고, 부분적으로는 능력주의가 더 첨예화했기 때문이다.

이하에서는 먼저, 지금까지의 능력주의가 중립中立 공정을 내세우며 어떻게 남성에게 유리한 경쟁 환경을 제공해왔는지를 본다. 이어서, 최근의 산업구조 변화로 인해 남성에게 유리했던 능력주의적 경쟁 조건이 크게 변화해가고 있는 것, 그러나 노동시장에서 남성우위의 구조는 남성 내부의 양극화를 수반하면서도 여전히 유지되고 있음을 보인다. 그리고 마지막으로, 남녀 모두 더 많은 사람들이 경제적으로 불안한 생활을 할 수밖에 없게 된 현상에 대해 노동정책과 교육 분야에서 할 수 있는 대응에 대해 고찰한다.

2. 젠더화한 메리토크라시

능력의 젠더화된 정의

능력에 따라 직무 배분과 보수 지급이 이루어지는 메리토크라시 원리하의 사회에서는 직무와 보수를 배분할 때 능력의 반영인 실적이 중요하며 개인이 어떠한 속성을 갖는가는 무관해야 할 것이다. 그런데 지금까지 남성은 여성보다 더 안정된 고용과 더 많은 수입의 기회를 누려왔다. 즉, 실제로 근대사회의 메리토크라시는 언뜻 성별에 관해 중립적으로 보이지만 여성보다 남성에게 유리하게 작용해왔던 것이다. 여기에는 어떤 조종 장치가 숨어 있었던 것일까?

그 하나로, 근대사회에서 '능력' 자체가 젠더화되어 있었음을 들 수 있다. 즉, 각종 능력에 남성적 또는 여성적 의미가 부여되었던 것이다. 잘 알려져 있듯이, 근대 서양 사상에서는 전통적으로 이성은 남성성과, 감정은 여성성과 결부되어 사고되었다.[3] 또한 산업사회의 남녀분업을 이해할 때에도 과제 수행에 직접 관련된 수단적instrumental 능력은 남성성과, 인간관계의 조정에 필요한 표출적expressive 능력은 여성성과 관련시켜 파악했다.[4] 또한 육체를 이용한 노동의 문맥에서도 물건 제조나 근력노동에 관한 능력은 남성적인 것으로, 대인 서비스나 케어노동에 관한 능력은 여성적인 것으로 간주되어왔다.[5]

이렇게 정의된 '남성적 능력'과 '여성적 능력'에는 각각 대등한 가치가 주어진 것이 아니라, 대체로 '남성적 능력'에는 높은 가치를 두었던 반면 '여성적 능력'에 대해서는 상대적으로 낮은 가치밖에 주어지지 않았다.

먼저, '남성적'인 것으로 정의되는 능력은 '정당한 능력'으로서 공적 인정을 받는 경향이 강했지만, 여성적인 것으로 간주되는 능력은 '정당한 능력'의 범주에서 제외되기 일쑤였다. 예컨대 근대사회에서 가장 공적이고도 기본적인 '능력증'은 학력인데, 학력은 남성적 특질로 간주되었던 지식이나 사고 등 이성 면에서의 능력을 보증하는 것이지, 여성에게 특징적인 것으로 간주된 '감정을 관리하는 능력'[6]을 보증하는 것이 아니었다.

또한 토목·건축·제조 등 제2차 산업의 확대를 동반하면서 발전했던 근대산업사회는 육체를 이용한 노동에서 물건 제조나 근력노동과 같은 '남성적 능력'의 수요가 극히 높았던 사회이기도 했다. 이러한 사회적 상황하에서, 남성은 사회화socialization 과정에서 자신의 성性에 기대되는 능력을 펼치기만 하면 그것이 곧 노동시장에서의 안정된 고용과 수입으로 연결되기 쉬웠다. 특히 일본에서는 1960년대에 급속히 상승한 노동력 수요를 채우기 위해 그 전까지 통상 비정규노동자로 고용되던 블루칼라층이 정규사원으로 고용되는 기회가 많아져,[7] 폭넓은 계층의 남성 노동자가 안정된 고용과 수입을 확보할 수 있게 되었다.

물론 여성에게 특징적인 것으로 간주되는 능력이 노동시장에서 높이 평가되는 경우도 있었다. 그 전형이 간호사, 보육사,

사회복지사, 초등학교 교사 등이다. 이들 직업에서 기대되는 능력은 전통적으로 여성이 아내나 어머니로서 담당해왔던 간병, 보살핌, 가정교육 등 역할의 연장선상에 있는 것이었다. 하지만 여성 비율이 높은 이들 이른바 '준전문직'은 남성이 압도적 다수를 점하는 의사나 변호사 등의 확립된 '전문직'에 비하면 사회적 위신도 낮고 일반적으로 임금도 낮았다.[8] 또한 여성 비율이 높은 이들 '여성직'에서도 초등학교 교사를 비롯해 관리직은 남성이 맡는 경우가 적지 않았다. 이 같은 상황이 젠더화된 능력관에 의해 지탱되어왔음은 상상하기 어렵지 않다. 즉 직무 수행에서 다른 구성원들을 리드하는 '수단적 능력'이 여성보다 남성이 더 뛰어나다고 본 것이 이런 상황으로 귀결되고 있는 것이다.

아마노 마사코天野正子는, 근대사회의 메리토크라시 논리는 능력을 산업사회의 발전에 직접 도움이 되는 부분, 즉 관리 능력이나 조직력으로 한정하고 인간이 갖는 그 밖의 가능성을 모두 제외시켰다는 점에서 이미 파탄이 났으며, 그 제외시킨 능력이야말로 여성 특유의 능력으로 간주된 것이었다고 지적하고 있다.[9]

속성주의의 침입

능력주의적 노동시장에서 지금까지 남성이 향유해온 유리한 조건은 '능력'이 남성에게 유리하게 정의되고 있기 때문만은 아니었다. 근대사회의 메리토크라시는 속성상 중립적이어야 할 경쟁에 속성주의屬性主義를 교묘하게 침투시켜 여성을 주변화하거나 배제해왔던 것이다.

예전에 일본 대기업의 승진 관리는 성, 연령, 학력, 근속이라는 4가지 기준으로 승진 경쟁의 범주를 한정했다. 이에 근거하여, 비록 조기 선발되지 못했더라도 이후 승진 경쟁의 참가 시기를 연장해줌으로써 결과적으로 비슷하게 승진하게 되는 '후기 선발'을 특징으로 했다.[10] 여기서는 '남자 정사원'인 한 남만큼 일하기만 하면 안정된 고용과 어느 정도의 지위 상승을 기대할 수 있었다. 즉, 능력주의적 근대사회의 메리토크라시는 여성을 미리 주변화하고 배제한 채 이루어지는 남성들끼리의 한정된 경쟁이라는 측면을 가지고 있었던 것이다.

능력주의의 원칙에서 말하면, 특정 학력이나 자격과 같은 공적인 능력증을 통해 어떤 능력의 보유가 증명되면 그 사람의 속성에 관계없이 능력 발휘의 기회가 주어져야 할 것이다. 그런데 여성은 비록 남성과 같은 능력증을 가지고 있어도 '여성이란 것'을 이유로 남성과 다른 능력을 가지고 있다고 판단되어 '여성이니까'의 능력을 발휘할 것이 우선적으로 기대되었다. 예를 들어 1970년대 후반의 시점에서 기업은 남성 기술자에게 '창조력', '기획력', '문제해결능력'과 같은 직무와 직결된 능력을 가장 기대하는 반면, 여성 기술자에게는 '책임감', '협조성', '지속성', '세심성'과 같은 직업 도덕과 관련된 능력을 기대하고 있었다.[11] 또한 남녀고용기회균등법이 시행된 1980년대 후반 이후에도 남녀가 동등한 학력을 가지고 있어도 남성은 영업전략을 짜거나 영업 최전선에 배치되는 반면, 여성은 후방에서 보조적인 직무를 맡는 관행이 많은 직장에서 오랫동안 지속되어왔다.[12] 즉, 공적 능력증을 통해 그 소유가 제시되는 능력보다도 성별이라는 속성에서 이미지되는 능력을 직무 수행에 연결시켰던 것이다.

남녀 간 직무 기대의 차이는 단순한 횡렬적 직무 분리를 낳았을 뿐 아니라 캐리어 형성에서도 남성에게 유리한 입장을 가져다주었다.[13] 여성에게 기대하는 직업 도덕이나 후방에서 보조적 역할을 맡는 능력보다도, 남성에게 기대하는 조직 목적 달성에 직결되는 능력을 기업이 더 높이 평가하고 있음이 캐리어 형성에 그대로 반영되고 있는 것이다.

이렇듯 근대사회의 노동시장에서 남성들은 더 높은 가치와 더 많은 수요를 가진 능력을 남성적 능력으로 간주하는 젠더화된 능력관과, 능력 발휘 경쟁에서 여성의 배제와 주변화라는 이중의 어드밴티지 덕분에, 성별 속성에 대해 중립적이어야 할 능력주의적 경쟁에서 더 쉽게 승리할 수 있었다. 많은 남성들의 안정된 고용과 수입은 고도경제성장에 따른 사회 전체의 고용 증대와 기업조직의 확대를 배경으로 하면서, 또한 이렇게 젠더화된 메리토크라시에 의해서도 지탱되어왔다.

3. 남성적 능력의 시장가치 저하

남성적 능력의 가치 저하

그러나 이후 공업사회에서 소비사회로 큰 사회변동이 이뤄지는 가운데 종래 남성들에게 어드밴티지를 주었던 메리토크라시의 양상도 크게 변화했다.

첫째, 남성의 특징으로 여겼던 능력의 가치가 상대적으로 저하하고, 여성의 특질로 보았던 능력의 가치가 상승했다. 아마노 마사코는 1980년의 시점에서, 여성이 직업에서 그 능력을 충분히 발휘하기 위해서는 남성의 특징적 능력을 토대로 구축된 메리토크라시를 변혁할 필요가 있음을 지적하고, 그 가능성을 근대산업사회의 변화에서 찾았다. 즉, 경제의 저성장에 수반하여, 경제활동의 중점이 물질적 욕구에서 정신적 욕구로, '물건'의 생산에서 '인간'과의 관계로 이행하고, 이에 따라 전통적으로 여성의 특질로 여겨왔던 능력이 필요해지는 영역이 확대되고, 여성인 것이 마이너스가 되지 않기는커녕 오히려 플러스가 되는 분야가 증대하리라 예상했던 것이다.[14]

과연 그녀의 예상은 대체로 적중했다. 중공업 중심의 공업사회에서 정보와 서비스 중심의 소비사회로 사회변동이 이루어지면서 노동자에게 요구되는 능력에 변화가 나타나게 된 것이다. 기계화의 진전과 제조업의 쇠퇴로 말미암아, 지금까지 주로 남성에게 요구되던 근력노동과 물건 제조 능력의 수요는 상대적으로 줄어들었다. 반면에 가사의 시장화와 서비스 부문의 확대로, 이제껏 여성에게 요구했던 케어 능력과 대인관계 능력의 수요가 늘어났다. 또한 고객의 니즈에 신속히 반응하여 그것을 생산에 반영시킬 필요성과, 노동자의 노동방식과 행동방식을 고객만족이라는 척도로 통제하려고 하는 경영관리 수법이 확대되면서 서비스 부문에 한하지 않고 모든 노동 장면에서 종래 주로 여성에게 요구되었던 '감정노동'[15]의 필요성이 점점 더 커지게 되었다.[16] 이렇듯 전통적으로 남성의 특징으로 보았던 능력은 일부 수요가 저하하고, 대신에 여성의 특질로 간주했던 능력의 수요가 높아졌던 것이다.

이 경향은 데이터에서도 나타난다. 나가하마 도시히로永濱利廣는 근래에 여성 취업자에 비해 남성 취업자가 대폭 감소하고 있음을 지적하며, 그 주된 원인을 남성 취업자가 대다수를 점해온 건설업 및 제조업의 쇠퇴, 그리고 여성 취업자가 대다수를 점하는 의료, 복지 분야의 고용 확대에서 찾고 있다.[17] 2002년과 2011년을 비교해보면 전체 취업자 수는 9년간 약 293만 명 감소하는데, 그 남녀별 내역을 보면 여성 취업자 약 34만 명 감소 대비 남성 취업자의 감소는 약 259만 명에 달하고 있다. 업종별로 남성 취업자의 감소가 현저한 것이 건설업과 제조업이다. 건설업에서는 취업자의 86.0%를 남성이 점하고 있고(2011년 시점, 이하 동일), 9년 사이에 감소한 취업자 약 145만 명 중 약 119만 명이 남성이다. 취업자의 70.4%를 남성이 점하는 제조업에서는 9년 사이에 감소한 취업자 수는 오히려 여성이 더 많아 약 108만 명이지만, 남성 취업자도 약 96만 명 감소하여 남녀 합해서 약 205만 명이 감소했다. 한편 여성 구성비가 75.5%를 점하는 의료·복지 분야에서는 9년간 약 174만 명의 취업자가 증가했는데, 그중 남성은 약 47만 명 증가한 데 비해 여성은 약 127만 명 증가했다. 나가하마는 이러한 상황을 "남자용 일이 줄고 여성용 일이 늘어난 결과 남성의 가치가 저하한"[18] 상황이라 파악하고, 마크 페리^{Mark J. Perry}가 제창한 용어를 빌려 '남성불황^{mancession}'*이라 부르고 있다.

한편 일본보다 한 발 빠르게 1980년대에 선진공업국 중에서 최초로 탈공업화를 경험한 영국에서는 남성, 특히 노동자계급 남성의 실업이 매우 심각한 사회문제가 되고 있다. 예전에 폴 윌리스^{Paul Willis}가 『노동 학습: 노동자계급의 아이들은 어떻게 노동자계급이 되는가』**에서 그 실태를 생생히 묘사했듯이, 1970년대 영국에서는 중학교에 다니는 백인 노동자계급 출신의 '사내아이들^{lads}'은 학교의 정통문화에 반영된 중산계급적 가치에 철저히 반항함으로써 노동자계급의 '남자다움'을 체현하고, 중산계급적인 성공의 가능성을 스스로 닫은 채 육체노동자로의 길을 걷고 있었다.[19] 그럼에도 그들은 어느 정도의 임금을 벌 수 있었고, 그 덕분에 동료와 펍에서 술을 마신다는 노동자계급 문화를 향유하면서 결혼하고 가족을 가질 수도 있었다. 그러나 1990년대 이후 고

* '남자(man)'와 '경기침체(recession)'를 합성한 말로 '남자침체'로 번역하기도 한다. _옮긴이

** 원제는 *Learning to Labour: How Working Class Kids Get Working Class Jobs*. 한국어판으로 『학교와 계급재생산: 반학교문화, 일상, 저항』(이매진, 2004)이 출간되었다. _옮긴이

용구조의 격변에 따라 노동시장에서 육체노동이 대폭 감소했다. 그들은 노동자계급의 '남자다움'의 상징이었던 '육체노동에 익숙 해지기 learning to labour'보다도 지금까지 여성적으로 간주되었던 '서 비스노동에 익숙해지기 learning to serve'를 지향하지 않을 수 없게 되 었던 것이다.[20]

능력주의의 첨예화와 고용의 양극화

한편 능력주의의 첨예화로 인해 지금까지 남성에게 유리한 조건 을 제공해온 '경쟁의 장場'의 한정성이 완화되고 더 많은 여성들 이 남성과 같은 씨름판에서 능력을 경합하게 되었다.

'남녀평등'이 국제적으로 이미 부정하기 어려운 이념이 되고, 1986년에 시행된 남녀고용기회균등법이 그 후 3차례의 큰 개정 을 거쳐 그 취지를 더욱 철저히 다져가는 가운데, 직장에서의 채 용·배치·승진을 판단하는 기준은 점점 더 성별 중립적인 것이 되지 않으면 안 되었다. 또한 시장의 다양화와 경제의 글로벌화 에 대응해야 하는 기업들은 조직 구성원의 다양성을 적극적으로 살림으로써 조직 전체의 활성화를 꾀하는 '다이버시티 매니지먼 트'[21]의 발상을 받아들였다. 그 결과 종업원의 승진과 평가에서 속성보다는 "장면 장면에서 개개인의 실질적·기능적인 유용성"[22] 을 중시하는 방향으로 스스로를 변화시켰다. 이리하여 남성과 대등한 입장에서 간부사원 후보에 오르는 여성이 느리긴 하지만 확실히 증가해왔다. '유능한 여자'가 위로 올라가고 '무능한 남자'

가 아래로 내려가는[23] 것은 이미 드문 일이 아니게 되었다.

또, 능력주의의 첨예화에 더하여 고용의 양극화 경향이 진전되면서 남성도 능력주의적 경쟁의 장에서 주변화되거나 배제될 가능성이 높아졌다. 물건 자체보다도 그 물건이 갖는 '기호'나 '부가가치'가 소비동향을 크게 좌우하는 '소비사회'에서는 상품에 부가가치를 더하거나 경영전략을 다듬는 창조성, 전문적인 지식에 더 높은 가치가 부여된다. 따라서 기업은 그런 능력을 가진 노동자에게 더 높은 급여를 지불하는 동시에 그 급여에 걸맞은 성과를 더 강하게 요구하게 되었다. 다른 한편, 기업은 글로벌 경제 속에서 살아남기 위해 대체가 용이한 단순노동을 인건비가 높아가는 정사원 대신 저임금과 유연한 고용이 가능한 아르바이트나 파견노동으로 치환하려 했다.[24] 그 결과, 정규고용 노동자들은 정규고용으로 계속 남아 있어야 한다는 부담과 그로부터 배제당하는 것에 대한 불안이 커져갔고, 여성만이 아니라 남성도 정규직으로 고용될 가능성이 이전에 비해 확연히 낮아지게 되었다.

4. 남성지배체제의 재편

물론 첨예화하는 능력주의적 경쟁에서 이기려면 고도의 스트레스를 견디고 장시간의 고된 노동을 감내하거나 역경을 돌파하는 '신체적 강인함'과 '정신적 강고함', 복잡하고 다양한 정보를 축약·분석하여 전략을 입안하거나 작업과 경영의 효율을 높이는 '논리적·합리적 사고'와 같은, 근대적 의미에서 말하는 '남성적 능력'의 중요성이 오히려 높아질지도 모른다. 그러나 동시에 산업구조의 변화와 그에 호응한 경영관리 수법의 변화는 케어 능력이나 대인관계 능력과 같은 근대적 의미의 '여성적 능력'의 가치를 고평가하게 되므로, 남성 역시 그러한 능력을 갖지 못하면 불리해질 수밖에 없다. 이제 첨예화한 능력주의적 경쟁에서 이기기 위해서는 남성이든 여성이든 근대적 의미의 '남성적 능력'과 '여성적 능력'을 필요에 따라 유연하게 발휘할 수 있어야 한다. 따라서 근대사회 메리토크라시의 특징이었던, 능력의 전문성이라는 축에 따른 '남성적 능력'과 '여성적 능력'의 구별은 여전히 일정한 의의가 있을지언정, 종래만큼의 중요성은 없어진 것으로 보인다.

그렇다면 현대의 메리토크라시는 이미 남성과 여성이 대등하게 능력을 경합할 수 있는 젠더중립의 것이 되고 있을까? 결코 그렇지는 않은 듯하다. 오늘날에도 여전히 노동의 장은 압도적인 남성우위의 구조를 이루고 있다. 2013년의 시점에서 민간기업 관리직의 여성 비율은 계장급이 16.2%로 2할에도 미치지 못하고, 과장급은 9.2%로 1할을 채우지 못하며, 부장급은 6.0%에 불과하다. 또한 남성 일반 노동자의 1시간당 평균급여를 100이라 하면, 여성 일반 노동자의 그것은 72.2%로 7할을 조금 넘을 뿐이다. 또한 고용노동자(비농림업) 중 비정규고용의 비율 추이를 1984년→1995년→2005년→2014년의 4개 시점에서 보면, 남성의 경우도 7.4%→8.93%→19.7%→21.8%로 증가하고 있지만, 여성은 32.1%→39.2%→52.5%→56.7%로, 본래가 남성에 비해 상당히 비율이 높았던 데다가 남성을 능가하는 급격한 속도로 증가하고 있다.[25]

결론부터 말하면, 오늘날의 메리토크라시는 여성을 경쟁의 장으로부터 떼어놓으려고 하는 한편, 남성을 그곳으로 끌어들이려는 사회적 자장磁場으로 지켜지고 있으며, 여전히 남성에게 유리하게 기능하고 있다고 할 수 있다.

첨예화하는 현대의 메리토크라시 하에서는 남성이든 여성이든 자신이 가진 모든 능력을 최대한 투입하여 실적을 올리고 경쟁에서 계속 이기지 않으면 노동시장에서 주변화되고 배제될 가능성이 항상 존재한다. 특히 시간적, 공간적으로 '일'과 '그 밖의 생활'의 구별이 어려운 화이트칼라층[26]에서는 생활 전체를 일 중심으로 짤 수 있는 '생활태도로서의 능력'[27]이 이전보다 더 중요해졌다고 할 수 있다.

그러나 이러한 사적 생활을 일에 종속시킴으로써 구현되는 '능력'이나 그러한 노동방식을 통해야만 비로소 달성할 수 있는

'실적'을 기준으로 선별이 이루어진다면, 사적 영역의 생활에서 다른 어떤 책임을 지고 있다는 사실은 결정적으로 불리한 요소가 된다. 또한 안정된 고용과 수입의 확보를 위해 사생활을 희생하지 않으면 안 된다면, 일 이외에서 생활의 양식糧食을 얻고 있는 사람은 경쟁 참가의 동기부여가 희박해질 수도 있다. 적어도 현 단계에서는 가사·육아·간호와 같은 케어노동 책임의 대부분을 여성이 부담하고 있다. 또한 일반적으로 남성보다 여성이 배우자의 수입에 의존하여 생활할 가능성이 높다. 따라서 첨예화하는 노동시장의 경쟁 참가를 단념하게 만드는 힘은 여전히 남성보다 여성에게 더 강하게 작동하고 있다.

이와 달리, 남성에게는 그러한 경쟁에 끌어들이는 힘이 여전히 강하게 작동하고 있다. 1980년대 말의 "육아를 하지 않는 남자는 아버지라 부르지 않는다."는 캐치프레이즈에서부터 최근의 '이쿠멘'*에 이르기까지 남성의 가정 책임 부담을 요구하는 목소리가 높아지고 있지만, 그 반면에 남성에게 돈벌이 책임을 요구하는 압력은 그리 줄어들지 않은 것으로 보인다. 예를 들어 결혼에 임해서는 여전히 남성에게 '안정된 수입'과 '정사원일 것'이 강하게 요구되고 있다. 후생노동성의 「21세기 성년자 종단縱斷조사」의 대상자 중 2002년 10월 시점에 20~34세의 독신이었으나 그 후 5년 사이에 결혼한 남녀를 살펴보면, 여성의 경우 결혼한 사람의 비율과 그 사람의 고용상 지위 사이에 관련은 보이지 않았

---

* 'イクメン'은 육아(いくじ)와 남자(men)의 합성어로 육아에 적극적으로 참여하는 '애 키우는 남자'를 의미한다. _옮긴이

지만, 남성의 경우 비정규고용자로서 결혼한 사람의 비율(12.1%)은 정규고용자로서 결혼한 사람의 비율(24.0%)의 약 절반이며, 연수입이 낮으면 결혼한 비율도 낮은 경향을 보였다.

미디어가 묘사하는 남성상을 보자. 미디어에서 가장 상찬되는 유형의 남성들(비즈니스 엘리트, 정치가, 프로스포츠 선수 등)은 대부분 사생활을 일에 종속시키는 노동방식으로 가혹한 경쟁을 이겨내고 처자를 부양하고도 남을 만큼의 경제력을 갖고 있는(따라서 가사·육아를 할 짬도, 할 필요도 없는) 남성들이다. 즉, 여전히 남성에게는 여성에 비해 가족을 부양할 만큼의 돈벌이가 기대되고 있으며, 그러기 위해서는 점점 첨예화하는 능력주의적 경쟁의 장에 계속 머물면서 이겨낼 것이 기대되고 있는 것이다.

이 같은 사회적 문맥에서는 사생활을 희생해서라도 경쟁에서 이기는 능력, 그를 통해 가족을 부양할 만큼의 돈벌이를 하는 능력은 젠더중립적인 능력이라기보다는 다분히 남성적인 의미를 띠게 된다. 즉, 현재의 첨예화한 능력주의적 경쟁에서는 근대사회의 특징이었던, 전문성의 축에 따른 '남성적 능력' '여성적 능력'이라는 차이가 종래만큼의 중요성을 갖지 않게 된 대신에, 그러한 모든 타입의 능력을 구사하여 경쟁에서 살아남고 가족을 부양할 수 있는 수입 획득 능력이 여전히 메타 수준meta level에서의 '남성적 능력'으로 정의되고 있는 것이다.

그러나 생물학적으로 남성인 것이 이 메타 수준에서의 '남성적 능력'을 발휘할 수 있음을 직접 보증하는 것은 아니다. 한편, 자신에게 불리한 조건들의 영향을 잘 떨쳐냄으로써 메타 수준의

'남성적 능력'을 발휘할 수 있는 여지는 적기는 하지만 남아 있다. 그럼에도 총체적으로 남성인 것이 이 '남성적 능력'을 발휘하는 데 유리한 상황은 현재에도 이어지고 있다. 여성의 승진을 가로막는 '유리 천장'이 상대적으로 높은지 낮은지, 즉 여성은 남성에 비해 중간관리직이 될 기회마저 제한되고 있는지, 아니면 상급관리직이나 경영층이 될 때 비로소 기회가 제한되는지 하는 등의 차이는 있어도, 이러한 기회구조 자체는 산업선진국들의 많은 직업조직에 공통적으로 보이는 것이다.[28]

이렇듯, 현재의 메리토크라시는 메타 수준의 '남성적 능력'의 발휘를 통해 경쟁에서 승자가 된 일부 여성을 '명예 남성'으로서 '남자' 쪽으로 끌어들이면서도, 그런 경쟁에서 탈락한 더 많은 사람들, 즉 대부분의 여성과 점점 더 많은 남성을 '남자가 되지 못한 자'로 주변화함으로써 노동시장의 남성지배체제를 재편해가고 있다.[29] 거기에 이미 적극적인 의미의 '여성적 능력'은 존재할 수 없다. 경쟁에서 이김으로써만 그 소유가 증명되는 메타 수준에서의 '남성적 능력' 보유자와 그것을 갖지 못한 패자와의 차이만이 무정하게도 점점 더 강조되어가는 것으로 보인다.

5. 남녀의 경제적 자립을 향해

노동정책에 의한 대응

사람들의 실생활 상황을 고려하면 현재의 노동시장은 적어도 다음의 2가지 점에서 심각한 문제를 안고 있다. 하나는 양극화한 고용구조하에서 정규고용과 비정규고용의 수입 격차가 너무 크다는 점, 또 하나는 여전히 남성에게 가족의 부양자 역할이 기대되는 풍조하에서 남성 역시 비정규고용으로밖에 취업하지 못하여 처자를 부양할 만큼 충분한 수입 획득이 점점 더 곤란해지고 있다는 점이다.

사실 이 2가지 문제점은 근저에서 서로 연결되어 있다. 종래, 정규고용 노동자와 비정규고용 노동자의 수입 격차가 그리 문제시되지 않았던 것은 "가족 부양자인 남편과 가사 및 가계 보조적 노동에 종사하는 아내"라는 성별 역할분업체제에 의해 그 문제성이 가려졌기 때문이다.[30] 예전에도 비정규고용 노동자의 다수는 가족 부양은커녕 자신의 한 몸도 '건강하고 문화적인 최저한도의 생활'을 하기 어려운 수준의 수입을 감수할 수밖에 없었다. 그러나 비정규고용 노동자의 다수가 정규고용 남편의 수입에 의존할 수 있는 기혼여성이었기 때문에 정규고용과 비정규고용 간의 커다란 수입 격차가 그다지 문제가 되지 않았던 것이다.

그런데 고용노동자 중 정규고용의 비율이 저하하고, 남성 중에서도 정규고용직에 취업하지 못하는 자의 비율이 높아졌다. 그 결과, 비정규고용의 수입 수준이 너무나 낮은 현실에서 남성이라 할지라도 일가 부양은 고사하고 단신單身의 생활마저 제대로 할 수 없는 사람들이 늘어나게 되었다.

당연히 이는 남성만의 문제가 아니다. 이미 서술했듯이, 고용노동자 중 비정규고용의 비율은 남성보다 여성이 많고 그 증가율도 여성이 높다. 즉, 여성들 사이에서는 남성 이상으로, 자신의 노동으로 경제적 자립을 하기가 어려운 사람들이 늘어나고 있고, 그에 더하여 예전에는 그런 여성들의 경제적 의존처였던 정규고용 남성의 비율도 줄어들고 있는 것이다.

이 같은 사태에 대한 타개책은 우선은 노동정책 차원에서 생각해야 할 것이다. 노동시장이 메리토크라시의 원칙에 기초하여 성립하고 있다면, 경쟁의 결과 승패가 갈리는 것, 즉 능력과 실적에 따라 수입이 좌우되는 것 자체는 문제가 되지 않는다. 물어야 할 것은 그 경쟁에의 참가 기회가 어느 만큼 균등하게 열려 있는가, '승패'의 판정은 어느 만큼 공정하게 이루어지고 있는가, '승패'에 따른 수입 격차는 사회적으로 허용될 수 있는 정도인가 하는 점일 것이다. 이들 물음에 대한 답은 일률적으로 판단할 수 없지만, 예컨대 '페이 이퀴티 pay equity: 동일가치노동의 동일임금'의 원칙에서 보면 같은 직무를 같은 질의 성과로 수행하는데도 정규고용과 비정규고용의 노동시간당 임금이 큰 차이가 나는 현상은 불공정하다고 할 수밖에 없다. 또한, 설령 '승패'에 따른 수입 격차 자체는 허용할 수 있을지라도, '가족임금'과 맞바꿔 사생활과 건강까지 희생해가며 일하는 정규고용인가, 혹은 단신의 자활마저 제대로 영위할 수 없는 비정규고용인가 하는 양극단 사이에서 양자택일을 강요받는 상황도 문제로 삼을 수 있을 것이다. '적절하게 일하고 적절하게 버는' 중간적인 노동방식을 가능케 하는 기회를 더욱 늘리거나, 여성을 비롯해 더 많은 사람들이 적어도 자기 혼자는 안정된 생활을 할 수 있을 정도의 수입 획득이 가능한 환경을 갖추는 등, 남성에게 경제적으로 의존할 수밖에 없는 여성의 비율을 줄여가는 방향으로 대책을 생각할 수 있을 것이다.

교육에 의한 대응

노동시장의 고용 양극화와 여성의 남성에 대한 경제적 의존 경향의 지속으로 인해 불리한 경제생활을 강요받는 사람들이 늘어나는 현실에서, 교육, 특히 남녀평등을 지향하는 교육은 무엇을 할 수 있을까?

예전의 학교교육에서는 남녀 모두 서로의 다른 '특성'을 이해하고 존중하도록 가르치는 것을 남녀평등교육으로 보는, 이른바 '성별 특성론'적인 남녀평등교육이 지배적이었다.[31] 여기서 '남자는 일, 여자는 가정'이라는 고정적인 성별 분업은 남녀의 특성에 기초한 자연스러운 남녀의 존재양태로 인식되었기에 굳이 문제시되지 않았다. 그러나 산업구조와 고용구조의 변화로 인해 남자든 여자든 그 같은 고정적인 성별 분업하에서 안정된 생활을 하기가 불가능해지자, 종래의 남녀평등관에 입각한 교육은 이념 차원의 문제 이전에 현실 차원에서 그 지지 기반을 잃어가고 있다.

2000년대에 이르러, 이러한 '성별 특성론'에 대한 비판으로부터 새로운 유형의 '남녀평등교육'이 교육현장에서 일정하게 확산되기 시작했다. 종래의 고정적 성별 분업의 해소를 지향하는 새로운 '남녀평등교육'은 그 목적을 달성하기 위해 '젠더프리^{gender free}', 즉 '여자다움' '남자다움'이 아닌 '자신다움'을 중요시할 것을 강조했다.(제4장 참조)[32] 이런 입장의 교육은 앞에서 말한 노동을 통한 남녀의 경제적 자립이라는 과제에 대해 어떤 의의와 한계를 가질 수 있을까?

논리적으로 생각하면, 이런 종류의 교육 실천이 여자와 남자에게 줄 수 있는 임팩트는 각기 다르다. 여성은 지금껏 예로부터 내려온 '여자다움', 즉 순종하고 타인을 보살피거나 보조하고 가사·육아에 종사하는 등의 역할기대에 묶임으로써, 직업생활에서 남성과 대등하게 활약할 기회나 그를 위한 능력 함양의 기회를 충분히 얻을 수 없었다. 따라서 여자에 대해 '여자다움'에 얽매이지 않고 그로부터 자유로워지라는 작용을 가하는 것은 교육 성취와 직업 성취를 통해 그녀들의 사회적 성공과 경제적 자립을 촉구하는 것을 의미한다. 이러한 작용은 이제껏 여성을 주변화하거나 배제했던 노동시장의 능력주의적 경쟁에 여성을 보다 정당한 형태로 참여시키도록 하는 것이며, 메리토크라시의 원칙을 더욱 철저히 적용토록 하는 것이다.

그러나 남자에 대해서도 여자와 똑같은 작용을 가하는 것이 좋은가 하면 꼭 그렇다고는 말할 수 없다. 남성에게 학교교육과 노동시장의 맥락에서 예로부터 내려온 '남자다움'이란 교육 성취와 직업 성취에서 경쟁을 이겨내고 가족 부양을 위한 수입을 얻는 것이었다. 따라서 '남자다움'에 얽매이지 않고 그로부터 자유로워지도록 작용하는 것은, 예컨대 가사나 육아와 같은 종래 '여자다움'으로 간주되어온 역할도 적극 지향할 것을 촉구함과 동시에, 직업 성취를 위한 경쟁의 승리만이 남자의 삶이 아니라는 가치를 전달하는 것도 포함된다.

물론 고도성장기와 안정성장기의 시대처럼, 대부분의 남성이 남자라는 이유만으로 경제적 자립과 나아가 처자 부양이 가능할 정도의 임금을 받았던 시대라면 그러한 작용은 충분히 적정한 것이었다. 많은 남성이 생활의 다양한 측면 중 일해서 돈 버는 것 외의 거의 모든 측면을 내던졌고 그런 남성을 중심으로 사회가 움직이던 시대에는, 남성에 의한 '남성다움'으로부터의 해방과 '자신다움'의 추구는 남성중심 사회와 기업중심 사회에 대한 비판으로서도, 또한 남성 개개인이 인간적 밸런스를 되찾는 데서도 충분한 의의를 가지고 있었다. 현재에도 그러한 의의가 사라진 것은 아니다. 장차 직업을 갖고 경제적으로 자립하는 것 자체에 그리 불안을 느끼지 않는 층의 남자에 대해서라면 업무 실적을 올려 더 많은 수입을 얻는 것 이외에, 가사나 육아나 다른 사람들을 돕는 것 등에서도 가치를 찾도록 작용하는 것은 그들의 삶을 보다 풍요롭게 한다고 말할 수 있을 것이다.

그러나 현재에도 여전히 능력주의적 경쟁에서의 승리나 가족 부양은 사회적으로 '여자다움'보다 '남자다움'으로 간주되고 있는데, 경제적 자립이 어려운 남성들은 점점 늘어나고 있다. 이런 상황에서 학교에 가고 싶어 하지 않는, 공부를 열심히 하지 않는, 일하는 것에 의욕이 없는, 직업으로 연결되지 않는 활동에만 흥미를 갖는, 그렇게 예로부터 내려온 남성 역할의 성취를 저해하는 태도밖에 갖고 있지 않은 남자아이들에게 '남자다움'에 얽매이지 않아도 좋다, '자신답게' 살면 된다고 촉구하는 것은 인생의 선택지를 넓히기는커녕 오히려 경제적 자립의 기회와 그들의 인생 선택지를 좁히는 결과가 되기 쉽다. 적어도 일정 층의 남성들에게는 '남자다움'보다 '자신다움'을 요구하는 것이 '마음 아픈 시대'[33]가 된 것이다.

마지막으로, 다시 여자에 대한 작용에 관해 한 가지 덧붙이고자 한다. '자신다움'이란 그 정의상 각 개인에 따라 다른 것이기에 각자가 '자신다움'을 추구한 결과 모든 여자가 종래의 '여자다움'에서 이탈하여 직업 성취를 지향하게 된다고는 단정할 수 없다. '자신다움'을 존중한다면 자연히 '주부主婦, 또는 主夫'가 되어 배우자에게 부양을 맡기는 것도 '자신다움'으로 인정해야 할 것이다. 여전히 노동시장의 경쟁 조건이 남성에게 유리하게 전개되는 현실에서 그런 경쟁에 뛰어들지 않아도 생활할 수 있다면 굳이 뛰어들지 않는다는 선택은 여성의 경우 어떤 의미에서 합리적이다. 그러나 그녀들에게 경쟁에서 '하차하는' 것은 다른 경쟁, 즉 자신을 부양해줄 남성의 획득을 둘러싼 결혼시장의 경쟁에 참가하는 것을 의미한다. 그리고 거기에서도 '승자'가 될 확률은 해마다 낮아지고 있으며, 경쟁에서 '패'하면 경제적 안정을 향한 길은 끊기고 만다.

물론 고정적인 '여자다움' '남자다움'으로부터의 자유, 그리고 '자신다움'과 '개성'의 존중은 여자차별철폐조약이나 남녀공동참획參画사회기본법의 이념 취지에 비춰보는 한 결코 부정적인 것은 아니며, 앞으로도 교육현장에서 아이들에게 전달되어야 할 가치일 것이다. 그러나 '자신다움'과 '개성'의 존중은 결코 젠더문제와 노동문제의 해결을 지향하는 교육에서 만능약이 아니다. 그것들은 앞에서 말한 바와 같은 몇 가지 부작용도 내포하고 있고, 사실 '남녀평등'의 이념과 충돌하는 부분이 의외로 많다. 이점들에 대해서는 젠더와 교육문제를 다루는 다음 장 이하에서 상세히 검토하기로 한다.

제4장

젠더의 정의(正義)를
둘러싼 정치학
—보수 · 평등 · 자유—

남녀의 바람직한 관계성을 둘러싼 논쟁은 자칫하면 남녀평등에 찬성이냐
반대냐 하는 양자택일의 것으로 간주되기 쉽다. 그러나 교육현장의 젠더 논
의는 그렇게 단순하지가 않다. 남녀평등의 의미를 놓고도 다양한 견해가 있
으며, 그것들 간에 대립과 모순도 보인다. 젠더의 정의(正義)에 관한 입장을
3가지 타입으로 유형화하여, 이 혼란된 논의 상황을 해체하고 젠더에 관한
교육의 방향성을 생각해본다.

1. 남녀평등을 둘러싼 교육현장의 혼란

일반 사회와 마찬가지로 교육 세계에서도 남녀의 바람직한 관계성과 그것을 성취하기 위한 구조에 대해 다양한 견해가 병존하고 있다. 특히 2000년대 이후 '남녀평등'의 이해방식과 젠더문제 대응을 둘러싸고 일본의 학교교육은 일종의 혼란 상황을 맞이했다.

　일본 정부가 1985년에 '남녀의 정형화된 역할'에 기초한 편견·관습·관행의 철폐 실현을 강조한 여자차별철폐조약을 비준하고, 1989년에는 학습지도요령 개정을 통해 고등학교 가정 과목의 남녀 공통이수를 시작한 가운데, 학교현장에서는 1990년대부터 새로운 유형의 '남녀평등교육' 실천이 각지 교사들에 의해 시도되었다. 실천 담당자들은, "남녀의 '특성'을 존중하고 남녀의 차이를 인식하고 그 바탕 위에서 서로 이해하고 협력하는 것이 '남녀평등'"이라면서 고정적인 성 역할을 문제 삼지 않으려고 하는 종래의 지배적인 남녀평등관을 '특성론'('성별 특성론', '특성 교육론'이라고도 한다)이라 부르며 비판했다.[1] 그리고 이전처럼 여성차별과 남녀평등을 가르치는 것에 그치지 않고, 남녀혼합명부의 도입, 교사 자신의 언동에 내포된 젠더 편견 gender bias: 성별에 따른 기대의 차이의 해소, 아동·학생을 남녀 모두 '~상さん, 님'이라 부르는 것, 남녀별 고정적인 역할과 '~다움'을 다시 생각해보는 수업 등의 교

육 실천을 도입했다. 이러한 새로운 '남녀평등교육'은 '성별 특성론'에 기반한 기존의 남녀평등교육과 대비하여 '젠더프리 교육'이라 불리기도 했다.[2]

이 새로운 '남녀평등교육'의 실천은 공적 정책을 통해서도 뒷받침되었다. 2000년에 내각회의에서 결정된 정부의 「남녀공동참획기본계획」(제1차)은 12가지 중점 항목의 하나로 "남녀가 공동으로 참여하는 계획을 추진하여 다양한 선택지를 가능케 하는 교육·학습의 충실"을 제시하고, 초등·중등교육의 구체적인 시책으로서 남녀평등 관점의 교재 배려, 아동·학생 개개인의 개성 존중, 학교 운영 등에서 고정적 성별 역할분담의 재검토 등을 포함시켰다. 그리고 이후 5년 걸러 개정된 제2차, 제3차의 기본계획에서도 동일한 항목이 제시되었다. 그런 와중에 교육위원회로부터 연구 지정을 받아 전교생을 대상으로 '남녀평등교육'을 실천한 예도 나타났다.(제5장 참조)

그러나 교육현장에서는 새로운 '남녀평등교육'의 실천에 대해 처음부터 의문과 주저의 목소리를 내는 사람들도 있었다. 남녀공동참획기본계획(제1차)이 막 시행된 2001년, 필자는 어떤 현(県)의 교장연수회에 심포지스트symposiast로 참가한 적이 있는데, 종료 후 제출된 참가자들의 감상문 중에는 새로운 '남녀평등교육'에 대한 많은 의문과 반론이 있었다. 예를 들면 "~상, ~군의 호칭과 남녀평등교육에 무슨 관계가 있는가?" "혼합명부 등 남자와 여자를 똑같이 대하는 방법론에는 도무지 찬동할 수가 없다." "남녀에게 성별이 있음을 인정하고 그것을 살리는 방향으로 가는 것이 좋지 않은가?" "남자답게, 여자답게 그리고 너답게로 하는 것은 안 되는가?" 등이다.

또한 새로운 '남녀평등교육'에 대해 "지나치다." "성차를 없애려고 한다." 등의 비판의 목소리도 들렸다. 공적 정책 차원에서도, 예컨대 도쿄도 교육위원회가 '젠더프리'라는 용어를 사용하지 말 것을 결정하고 "'젠더프리'에 기초한 남녀혼합명부를 작성해서는 안 된다."는 통지문을 냈듯이(2002년 8월26일 도쿄도 교육위원회), 공교육기관은 새로운 '남녀평등교육'에 대해 더 신중한 자세를 취하려는 움직임을 보였다.

이를 보면, 교육현장에서 남녀평등의 취급을 둘러싼 혼란은 단지 남녀평등교육에 찬성인가 반대인가, 남녀평등 달성을 위해 학교교육은 무엇을 해야 하는가 하는 차원에서의 의견 대립에서만 생겨난 것이 아님을 알 수 있다. 즉, 이들 혼란은 본래 무엇을 '남녀평등'으로 간주하는가, 현재의 남녀 존재양태의 무엇이 문제인가, 나아가 젠더 정의gender justice를 어떻게 생각하는가, 라는 보다 근원적인 차원의 물음에서 서로 다른 견해가 착종하고 있는데서 비롯된 것이다.

이렇듯 젠더와 교육에 관한 근본적인 인식에서부터 혼란이 존재한다면, 각자가 젠더의 '당연론當然論'를 내세워봐야 논의가 일치하지 않을 가능성이 높다. 논의를 조금이라도 생산적인 것으로 하기 위해서는 젠더와 교육에 관한 다양한 주장들 간의 논리적인 관계를 정리하고, 일치하지 않는 주장들은 대체 어디에서 엇갈리는지, 어디에서 일치하고 있는지를 냉정히 판단하는 작업이 필요할 것이다.

　이 장에서는 학교교육과 젠더에 관한 다양한 주장들을 정리·파악하기 위해 그것들을 '젠더 보수주의'와 '젠더 평등주의', '젠더 자유주의'라는 3가지 타입으로 유형화하고, 각각의 특징을 다른 유형과의 상호관계 속에서 밝히고자 한다. 이들 3가지 유형은 반드시 실재하는 누군가의 구체적인 주장이 아니라 혼돈된 상황을 정리·파악하기 위한 추상적인 모델로서 필자가 조정^{措定}한 것이다. 따라서 특정 개인의 주장이나 일련의 정책에는 여러 가지 타입의 시점이 뒤섞인 경우도 있을 수 있다. 예컨대 앞에서 서술한 새로운 '남녀평등교육'의 실천이나, 남녀공동참획 관련 시책에는 젠더 평등주의와 젠더 자유주의의 관점이 혼재하고 있다.

2. 젠더 보수주의의 관점

옛날부터 남자는 일, 여자는 가사와 육아를 중심으로 하는 게 세상을 잘 돌아가게 했지요. 그러니 남녀평등은 말은 그럴듯해도 절대로 있을 수 없다고 생각합니다. (여성, 50대 초반)

여성이 할 수 있는 것, 남성이 할 수 있는 것이 서로 다르니까 남녀평등을 한다는 것은 불가능하다고 봐요. 서로 할 수 없는 것을 메워가면 좋겠다고 생각합니다. 학교에서 명부를 남녀혼합으로 하는 것까지 신경 쓰는 건 우스운 일인 것 같아요. (여성, 30대 후반)[*]

여기서 말하는 젠더 보수주의란 '남자는 일, 여자는 가정'이라는 성별 분업으로 대표되는, 고정적이고 비대칭적인 남녀의 존재양태를 고수하려는 입장이다. 오늘날 일본에서는 헌법 24조에 '양성의 평등'을 적시하고 있듯이 '남녀평등'은 공적으로는 부정하려야 부정할 수 없는 이념이다. 그럼에도 일정 층의 사람들이 이 젠더 보수주의의 주장을 지지하는 이유는 그러한 주장이 그 사람들의 생활 실감에 적합한 점, 아울러 '남녀평등'을 원칙에 불과한 것으로 치부하는 관점 그리고 '남녀평등'과 고정적이고 비

---

[*] 어떤 자치단체의 위탁을 받아 필자가 2006년에 실시한 남녀공동참획에 관한 시민의식조사의 자유응답란에서 발췌한 것이다. 응답자의 연령은 조사 당시의 것이다. 이하 3절, 4절의 발췌도 마찬가지다.

대칭적인 남녀의 존재양태를 모순 없이 공존시키는 관점 및 논법이 많은 사람들에게 공유되고 있기 때문이다. 그 주된 것으로 남녀의 역할과 '~다움'의 차이를 '자연스러운 차이'로 보는 관점과, 그것을 '대등한 차이'로 보는 관점을 들 수 있다.

자연스러운 성차

젠더 보수주의의 주장을 지지하는 관점의 하나는 남녀의 차이를 '자연스러운 것'으로 보는 논법이다. 어떤 사항을 '자연스러운 것'으로 인식한다는 것은 그 사항에 대해 더 이상의 의문 제기를 못 하게 하는 효과를 갖는다.[3] 남녀의 차이를 '자연스러운 것'으로 보는 논법하에서는 왜, 어떻게 남녀의 차이가 생기는가 하는 질문이나 남녀의 차이가 한쪽 성에 불이익을 가져다주는 것이 아닌가 하는 질문을 하기가 어렵다. 특히 남성과 여성은 생식 기능과 그에 부수하는 신체적 구조가 다르기 때문에 그러한 신체 차원의 성차를 근거로 하여 모든 성차가 자연스러운 것으로 보이기 쉽다.(생물학적 결정론) 그 결과, 남녀의 차이로 인식되는 현상들 중에는 후천적·사회적으로 형성되는 부분도 있다는 측면이나, 그렇게 사회적으로 형성된 성차 중에는 한쪽 성에 불이익을 가져다주는 부분도 있다는 측면은 은폐된다.

이렇듯 성차의 모든 것을 '자연스러운 것'으로 보는 관점에 재고再考의 압박을 가한 것이 1980년대 후반부터 일본의 사회과학에 도입된 '젠더gender' 개념이었다. 젠더 개념에는 다양한 정의

定義와 용법이 있는데, 가장 일반적인 용법에서의 기본적 사고는 인간의 성별에는 생물학적 차원의 성별과 독립된 후천적·사회적으로 형성된 차원의 성별^{젠더}이 있고, 젠더는 반드시 생물학적 성별로는 규정되지 않는다는 것이다. 아카데미즘 세계에서는 이 젠더 개념이 정의의 정치화精緻化를 거쳐 다양한 사회현상을 독해할 때의 중요한 분석개념으로 널리 침투했다. 또한 이러한 젠더 사고는 다음 절 이하에서 상세히 서술하듯이, 젠더 평등주의나 젠더 자유주의 입장을 취하는 사람들 사이에서 종래의 고정적이고 비대칭적인 남녀 존재양태의 부당성과 변혁 가능성을 주장할 수 있는 근거로서 널리 수용되었다.

그러나 젠더 사고는 지금까지 다수파 사람들에게 순순히 받아들여지지 않았다.* 그 이유는 젠더의 존재를 일상생활 속에서 실감하기가 매우 어렵기 때문이다. "인간의 성별은 생물학적 성별과 사회적 성별의 2가지 차원으로 나눠 생각할 수 있다."는 젠더 사고는 논리로서는 명쾌하다. 그러나 현실생활에 비춰봤을 때 우리의 여/남으로서의 신체·퍼스낼리티·행동양식에서 어디까지가 생물학적 성별이고 어디부터 사회적인 성별인가를 선긋기가 매우 어렵다.

젠더 사고를 구체적으로 이해하기 위해서는, 예컨대 자신의 사회와 다른 사회 간의 또는 현대 사회와 과거 사회 간의 남녀 존재양태를 비교하는 등의 '머리를 쓰는 노고'를 동반하는 작업

---

*   내각부 여론조사에 의하면 '젠더(사회적 성별)'라는 용어를 보거나 들어본 적이 있는 사람의 비율은 2009년 시점에서도 31.9%로 3분의 1이 채 되지 않는다.

이 필요하다. 고정적·비대칭적인 남녀의 존재양태를 어떻게든 변혁하고 싶어 하는 사람이라면 그러한 '머리를 쓰는 노고'가 노고가 아닐지도 모른다. 그러나 기존의 남녀 존재양태에 아무 의문도 갖지 않고 일상생활을 보내고 있는 사람들이 굳이 그런 노고가 따르는 작업을 한다는 것은 그리 쉬운 일이 아니다. 왜냐하면 그런 작업은 그들의 생활에 아무 긴요성이 없을 뿐 아니라 그들 자신의 생활 존재양태의 자명성과 정당성을 위협할 가능성마저 내포하고 있기 때문이다.

이질평등론

젠더 보수주의의 주장을 지탱하는 또 하나의 논법은 각기 다른 역할을 맡는 남성과 여성의 관계를 '다르지만 평등'하다고 보는 '이질평등론異質平等論'이다. 여기에서 고정적·비대칭적인 남녀의 존재양태는 사회 발전과 질서 유지에 기능적이고 바람직한 것으로 간주된다. 각각의 역할을 맡는 남성과 여성의 관계는 한쪽 성에 불리한 관계라기보다 공통의 목표를 위해 서로 다른 역할을 맡는 호혜적인 관계로 파악된다.

다음 절에서 자세히 서술하겠지만, '남녀평등'의 이념에서 문제시하는 것은 한쪽 성에 불리하게 작동하는 남녀의 존재양태다. 따라서 타고난 것이 아니라 사회적으로 만들어진 남녀의 존재양태일지라도 그것이 한쪽 성의 불이익을 수반하지 않는다면 남녀평등의 이념에 반한다고 할 수 없다. '남자는 일, 여자는 가정'이라는 성별 분업도 '역할은 다르지만 대등'하다고 하면 남녀 평등에 반하지 않는다. 이 점에서 '젠더' 개념이 침투한 후에도 역시 고정적이고 비대칭적인 남녀의 존재양태가 정당성을 갖게 될 여지가 남아 있다.

물론, 거시적인 관점에서 조직적 의사결정권이나 경제력과 같은 사회적 영향력의 원천이 남성집단과 여성집단에 어떤 비율로 배분되고 있느냐에 주목하면 '남자는 일, 여자는 가정'이라는 성별 분업을 남녀평등의 제도라고 보는 데는 무리가 있다. 왜냐하면 직업노동과 가사노동은 둘 다 현대 사회를 유지하는 불가결한 노동이라는 점에서 대등한 가치를 가질지 모르지만, 조직적 의사결정권이나 경제력의 획득은 직업노동을 통해서 이루어지지 가사노동을 통해서가 아니기 때문이다.

그러나 개별 부부관계와 같은 미시적인 사회관계의 경우, 당사자의 주관적 입장에서 생각하면 '남자는 일, 여자는 가정'이라는 성별 분업이 반드시 여성에게 불리하다고만은 말할 수 없다. 샐러리맨과 전업주부가 서로가 맡은 역할에 대해 서로 감사하면서 원만한 관계를 쌓아가는 부부에게 그러한 분업은 '다르지만 평등'한 제도라고 느껴질 수도 있다. 그리고 그러한 분업의 존재양태를 비판하는 젠더 평등주의의 주장에 대해서는 마치 자신들의 생활과 존재 자체를 부정당하고 있는 것 같아 반발심을 느낄지도 모른다.

이렇듯 고정적·비대칭적 남녀의 존재양태를 지켜야 한다는 젠더 보수주의의 주장은 일정 층 사람들의 생활 실감에 소구함으로써 그들의 지지를 얻고 있다. 그리고 남녀의 역할이나 '~다움'의 차이를 '자연스러운' 차이나 '대등한' 차이라고 주장함으로써 남녀평등 이념과의 모순을 회피하고 있다. 1절에서 언급한 '성별 특성론'은 바로 이 젠더 보수주의의 입장에 선 교육론이다.

3. 젠더 평등주의의 관점

남성은 "누구 덕분에 먹고살 수 있는 건데?"라고 말하지만, 여성도 "누구 덕분에 집안일, 아이 교육에 대해 안심할 수 있는 건데?"라고 말하고 싶어요. ……지금까지 살아오면서 왜 '남자'가 으스대야 하는 건지 모르겠어요. ……남녀평등을 학교교육에서 가르쳐야 한다고 생각해요. (여성, 65세 이상)

여기서 말하는 '젠더 평등주의'란 남녀 간 이해관계 및 권력 관계의 비대칭성에 초점을 맞추고, 그러한 비대칭성의 해소를 지향하는 입장이다. 젠더 평등주의는 '남자는 일, 여자는 가정'이라는 성별 분업처럼 고정적이고 비대칭적인 남녀의 존재양태에 반대한다. 그러한 남녀의 존재양태를 젠더 보수주의처럼 '자연스러운' 차이나 '대등한' 차이로 보는 것이 아니라, '사회적으로 만들어진' 차이이자 한쪽 성에 불리한 차이라고 보기 때문이다.

따라서 학교교육의 맥락에서, 학교 내부에서 한쪽 성에 불리한 상황은 물론이고 장차 한쪽 성을 다른 쪽 성에 비해 불리한 입장으로 이끌 가능성이 있는 교육환경의 모든 측면을 문제로 삼는다. 이러한 젠더 평등주의의 관점은 그 적극성의 정도로부터 '형식적 남녀평등'과 '실질적 남녀평등'의 2가지 입장으로 나누어 파악할 수 있다.

형식적 남녀평등

여기서 말하는 형식적 남녀평등이란 교육받을 기회와 선택 가능한 학습내용이 남녀에게 동일하게 주어지는 상태를 평등이라 보는 입장으로, 일반적으로 '기회의 평등'이라 부르는 것을 가리킨다.

전전戰前 일본의 교육제도는 이 형식적 남녀평등의 관점에서 보아도 명백히 여성에게 불리한 제도였다. 중등교육 단계에서는 남성과 여성이 선택할 수 있는 학교의 종류가 달랐고, 남녀 각각에게 크게 다른 커리큘럼이 부과되었다. 또한 고등교육 진학 기회가 주어진 것은 중등교육 단계에서 남자용 교육을 받은 자뿐이었기 때문에 여성에게는 고등교육을 받을 기회가 실질적으로 닫혀 있었다.[4]

1946년 공포된 일본국 헌법에 '남녀평등'이 명시되고 1947년 제정된 구舊교육기본법에 '남녀공학'이 규정됨에 따라 기본적으로는 남녀 간 교육받을 기회의 평등이 이루어졌다. 물론 일부 공적인 부분에서 기회의 평등이 제한되는 경우는 있었다. 예를 들어 학습지도요령은 1958년부터 1989년까지 약 30년 이상 동안 중등교육의 가정 과목 이수를 여자에게만 의무화하고 있었다.[5] 또한 방위대학교 같은 일부 문부성(당시) 관할 밖의 고등교육 기관에서 여자의 입학을 허용하지 않는 케이스도 있었다. 그러나 이 문제들은 금세기에 이르러 해소되었고, 현재는 '여자대학'의 존재 등 극히 일부의 예외를 제하고 일본의 교육제도에서 형식적 남녀평등은 거의 이루어져 있다.

형식적 남녀평등에서 문제시하는 것은 교육받을 기회와 선택 가능한 학습내용에서의 평등이다. 따라서 평등한 기회 아래 남녀가 교육을 받은 결과, 학업성적과 학력에 남녀격차가 발생했다 해도 그것은 어쩔 수 없는 일로 간주한다. 또한 학교교육 수료 후 남녀가 성별 분업에 대응하는 인생경로를 거친다 해도 적어도 그것을 교육의 문제로는 보지 않는다. 기회가 평등하게 열려 있는 이상, 결과의 남녀 간 격차는 '노력'과 '좋아함'과 같은 개인적인 요인, 또는 '소질'과 같은 생물학적인 요인에서 찾게 된다.

실질적 남녀평등

그에 비해 실질적 남녀평등의 관점은 기회의 평등이 결과의 평등으로 이어지지 않는 원인을 개인적 요인이나 생물학적 요인뿐 아니라 유소년기부터의 생활환경과 학교 내 학습환경과 같은 사회적 요인에서도 찾으려 한다. 그리고 교육받을 기회와 선택 가능한 학습내용이라는 '형식적 남녀평등'의 배후에 '숨겨진' 형태로 존재하는, 한쪽 성에 불이익을 초래하는 요인을 제거하거나 그러한 불이익을 보상해야 비로소 '실질적 남녀평등'이 이뤄진다고 생각한다.

　　1980년대 후반 이후 학교사회학은 기회의 평등이 결과의 평등으로 이어지는 것을 저해하는 학교의 내부 과정을 밝혀냈다. 먼저, 학교 내의 교육기회가 남녀평등으로 이뤄지고 있다 해도,

학교 밖의 성별 역할기대 차이로 인해 여자의 교육 성취가 저해되고 있음이 지적되었다. 학교에서 아동·학생들은, 적어도 공식적으로는 남녀를 불문하고, 교육 성취와 이후의 직업 성취에 대한 성공을 기대받는다. 남자의 경우 학교에서 공식적으로 받는 기대와 남녀 역할이 합치하기 때문에 교육 성취와 직업 성취를 향한 경쟁이 과열화하는 일은 있어도 갈등을 느끼지는 않는다. 그러나 여자의 경우 학교에서 공식적으로 받는 기대와 여성에게만 요구되는 가정 역할이 양립하지 않기 때문에 갈등을 경험한다. 그러한 갈등이 교육 성취에 대한 여자의 의욕을 저하시키고, 여자의 '지위 저하' 메커니즘으로 작용하는 것이 지적되었다.[6]

또한 학교 밖에서뿐 아니라 교육기회가 남녀에게 평등해야 할 학교 내부에서도 아동·학생들에 대해 남녀 우위와 성별 분업에 대응한 젠더 메시지가 '숨겨진 커리큘럼hidden curriculum' 차원에서 발신되고 있음이 지적되었다. 예컨대 초등·중학교의 교과서를 분석한 결과 고정적·비대칭적 남녀의 존재양태를 조장하는 듯한 삽화와 기술이 곳곳에서 보이는 것, 국어 과목에서 작자와 등장인물의 남성 비율이 압도적으로 높은 것, 사회 과목에서는 여성에 대한 역사 기술이 극단적으로 적은 것 등이다.[7] 또한 담당 학년과 직위가 올라갈수록 남성 교사의 비율이 높아지는 교원의 직계 구조, 남녀별 명부와 학생회 간부 등에서 보이는 '남자 먼저', '남자 위'의 관습, 교사가 여자보다 남자를 더 많이 상대하는 등의 경향이 지적되었다. 그리고 이러한 교재, 교사의 실천양태가 아동·학생을 남녀별 다른 고정적 역할로 이끌고, 그것이

여성의 지위 향상을 가로막고 있을 가능성이 논의되었다.[8]

실질적 남녀평등의 관점에서 보면, 지금까지의 학교교육 기회의 평등은 실질적으로는 남녀에게 평등한 기회를 제공하고 있지 않았던 셈이 된다. 남녀 간에 '실질적인 기회의 평등'을 보장하기 위해서는 '숨겨진 커리큘럼'으로 존재하는 젠더 편견을 제거하고, 양성에게 공평한 학교환경을 정비할 것이 요구된다. 또한 여자의 불리를 보상하기 위해 여자에게만 특별 커리큘럼을 제공하거나 여자를 학급 리더로 적극적으로 등용하는 등의 교육 실천도 '기회의 불평등'과 '역차별'이 아니라 '실질적인 기회의 평등'을 보장하기 위한 수단인 것으로 간주된다. 만일 여자대학의 교육이 이러한 기능을 하고 있다고 인정된다면 여자대학은 '실질적인 기회 평등'의 관점에서 정당화된다. 역으로, 만일 남자가 정말로 교육상의 불리를 안고 있다면 남자에 대해 우선적인 보상교육을 실시하는 것도 이 입장에서 보면 정당화될 수 있다.

이렇듯 남녀 간 교육기회의 균등을 철저히 형식적인 차원에 한정하여 파악하는가 아니면 더 실질적인 차원까지 들어가 파악하는가의 차이는 있지만, 젠더 평등주의 관점에서는 한쪽 성에 불리한 교육환경의 존재양태를 문제시한다. 그리고 한쪽 성의 불이익과 결부되는 한, 젠더 보수주의가 지키고자 하는 고정적·비대칭적 남녀의 존재양태로 연결되는 교육환경은 비판의 대상이 된다.

4. 젠더 자유주의의 관점

> 20년쯤 전까지는 남자는 일하고 여자는 가사·육아를 하는 걸 당연시했지만, 이제는 남녀가 함께 일하고 가사·육아도 함께하는 걸 당연한 것으로 여기고 있죠. 그게 정말 싫습니다. ……남녀 모두 다양한 선택지가 있다는 것을 교육해주세요! (여성, 30대 후반)

여기서 말하는 '젠더 자유주의'란 성별과 관련한 개인의 선택에 대해 외부로부터 규제가 가해지는 것을 문제시하고, 개인의 생활과 삶의 방식을 개인의 자유로운 선택에 맡기는 것을 지향하는 입장이다. 젠더 자유주의는 자유를 추구하는 방향의 관점에서 '젠더로부터의 자유'와 '젠더를 향한 자유'라는 2가지 입장으로 나눠 파악할 수 있다.[9]

젠더로부터의 자유

'젠더로부터의 자유'란 고정적·비대칭적 남녀의 존재양태를 요구하는 규범을 문제시하고, 그러한 규제로부터의 자유를 추구하는 입장을 가리킨다.

'젠더로부터의 자유'와 젠더 평등주의는 젠더 보수주의가 지키고자 하는 고정적·비대칭적 남녀의 존재양태를 문제시한다는 점에서는 공통된다. 그러나 그러한 남녀의 존재양태에 반대하는 이유와 반대하는 정도에서 양자 사이에는 차이가 보인다. 젠더 평등주의의 입장이 고정적·비대칭적 남녀의 존재양태에 반대하는 것은 그 존재양태가 한쪽 성에게 불리하다고 보기 때문이다. 따라서 사회적으로 만들어진 고정적·비대칭적 남녀의 존재양태일지라도 그것이 한쪽 성에 불리한 관계성을 포함하고 있지 않다면 젠더 평등주의의 입장에서는 굳이 문제로 삼지 않는다. 이와 달리 '젠더로부터의 자유'의 입장이 고정적·비대칭적 남녀의 존재양태에 반대하는 것은 그것이 개인의 자유로운 선택을 규제하기 때문이다. 따라서 젠더 자유주의의 관점에서는 사회적으로 만들어진 고정적·비대칭적 남녀의 존재양태를 요구하는 모든 규제가 문제가 된다. 그런 의미에서 '젠더로부터의 자유'는 젠더 평등주의 이상으로 고정적·비대칭적 남녀의 존재양태에 대한 통렬한 비판을 내포한 관점이다. 몇 가지 예를 들어보자.

첫째, 예컨대 '남자는 일, 여자는 가정'이라는 성별 분업을 요구하는 규범의 시비를 둘러싸고는 젠더 보수주의와 젠더 평등주의 사이에 일종의 '결말 없는 입씨름'이 발생한다. 왜냐하면 앞에서 보았듯이 그러한 분업을 '다르지만 대등한' 분업으로 보는가, 아니면 불평등한 분업으로 보는가에 관해 논의의 여지가 남아 있기 때문이다. 그러나 '젠더로부터의 자유' 관점에서는 젠더 보수주의의 주장은 담박하게 격퇴된다. 왜냐하면 '남자는 일, 여자는 가정'이라는 규범은 그것이 대등한 분업이든 불평등한 분업이든 성별에 따라 개인의 선택을 규제한다는 점에서 이미 문제이기 때문이다.

둘째, '젠더로부터의 자유' 관점은 남자가 안고 있는 젠더문제를 현재화懸在化하는 데서도 효과적이다. 남녀 간 불평등에 초점을 맞추는 젠더 평등주의의 관점에서는 자칫하면 불리한 것으로 판단되는 여자의 문제에 관심이 집중되고 유리한 쪽으로 간주되는 남자의 문제는 간과되기 쉽다. 그에 비해 '젠더로부터의 자유' 관점은 남자 또한 고정적인 '남성 역할'과 '남자다움'의 규범에 의해 억압되고 인생의 선택지와 생활의 폭이 좁아지고 있다는 측면을 클로즈업할 수 있다.

셋째, '젠더로부터의 자유' 관점에 서면, 젠더 평등주의의 관점에서는 꼭 문제가 되지 않는 학교 내의 다양한 성별 처우도 문제가 될 수 있다. 이를테면 교복 착용을 의무화하는 거의 모든 학교에서 남자는 바지, 여자는 치마라는 식으로, 남녀별로 다른 복장 규정을 설정하고 있다. 또한 특정 지참물의 색을 가령 남자는 파란색, 여자는 빨간색 하는 식으로 정한 학교도 있다. 이런 규칙은 바지를 입고 싶은 여자나 빨간 것을 갖고 싶은 남자에게는 억압적인 규칙이겠지만, 이것을 젠더 평등주의의 관점에서는 문제화하기 어렵다. 왜냐하면 바지와 치마, 혹은 파란색과 빨간색 사이에 직접적인 우열관계를 상정하기 어렵기 때문에 이 규칙이 '남녀불평등'이라고 단정할 수 없는 까닭이다. 남자도 여자도 똑같이 선택지가 제한되어 있다는 점에서 '다르지만 평등'하다고도 할 수 있다. 그러나 '젠더로부터의 자유' 관점에 서면 이들 규칙은 문제가 된다. 성별이라는 선천적 속성에 의해 남녀 간의 신체적인 구조 차이와 직접 관계가 없음에도 사회적 선택지가 제한된다는 것은 자유의 관점에서 보면 불합리하기 때문이다.

그런 까닭에 '젠더로부터의 자유' 관점은 남녀 어느 쪽이 불이익을 당하고 차별되고 있는가를 따지는 '남녀평등'의 틀에서는 문제화하기 어려운 성소수자 아이들의 고통이나 그들이 직면하는 차별을 가시화하는 데서 큰 역할을 했다.

동성에게만 성적인 관심을 갖는 동성애자들은 성 자인自認이 남성이건 여성이건 "여자는 남자를, 남자는 여자를 좋아하는 것이 당연하며, 그렇게 해야 한다."는 이성애중심주의heterosexism가 지배하는 학교환경 속에서 자신의 성적 지향을 몰래 숨기면서, 암묵리에 이성애만을 전제로 하여 만들어진 커리큘럼과 교사의 교육 실천, 동성애자를 모멸하고 조롱하는 교사와 다른 학생들의 언동을 감수할 수밖에 없다.[10] 고정적인 '여자다움' '남자다움'이라는 규범의 억압성을 문제시하는 '젠더로부터의 자유' 관점은 이러한 이성애중심주의가 동성애자에게 가져다주는 억압성을 문제화하는 데 매우 효과적이었다.

또한 신체적인 특징에 기초하여 출생 시 인정된 성별 생활에 심각한 고통을 느끼는 반면 다른 쪽 성별 생활을 강하게 지향하는 성동일성장애 또는 트랜스젠더* 사람들이나 해부학적인

---

* 여기서는 '트랜스젠더(transgender)'를 출생 시에 할당된 성별을 월경(越境)하는 사람을 포괄적으로 지칭하는 의미로 사용하고 있다. '성동일성장애'는 정신의료학상의 질환명으로, 엄밀히 말하면 의사에게 그것을 인정받은 사람만이 '성동일성장애'가 된다. '장애'라는 호칭을 좋아하지 않는 당사자도 있어, 요즘에는 '장애'란 용어를 피하고 이런 상태를 '성별위화(性別違和: gender dysphoria)'라 부르는 용법도 있다.

성의 발달이 선천적으로 비정형적인 성분화질환*의 사람들에게
도 호적상의 성별에 기초하여 이분법적인 여/남 중 어느 한쪽의
차림새와 행동을 요구받는 학교생활은 고통일 수밖에 없다.[11] '젠
더로부터의 자유' 관점은 이처럼 출생 시 타자에 의해 인정된 이
분법적 성별 카테고리에 개인을 강제적으로 집어넣는 것의 억압
성을 가시화하는 데서도 효과를 발휘했다.**

　이렇듯 '젠더로부터의 자유' 관점은 사회적으로 만들어진 고
정적·비대칭적 남녀의 존재양태를 요구하는 모든 규범을 문제로
삼는다. 따라서 그것이 제기하는 문제들 중에는, 젠더 평등주의
자 가운데 한쪽 성의 불리로 귀결되는 교육환경만을 문제로 삼
는 사람이나 성소수자의 문제에 대한 이해가 충분치 않은 사람
의 눈에는 '어떻든 상관없는 일' 또는 '지나친 일'로 비치는 사항
이 포함돼 있을지도 모른다. 그런 의미에서 젠더 평등주의의 관
점은 새로운 '남녀평등교육'의 시도를 '지나치다'며 비판하는 젠
더 보수주의의 관점과 입장을 부분적으로 공유하고 있다고 할
수 있다.

　이렇게 보면, 젠더 보수주의 입장의 사람들이 '남녀평등'보

---

*　이런 상태의 사람들을 지칭하는 용어로서 종래에는 '반음양(半陰陽: hermaphrodite)'이나
'인터섹스(intersex)'도 사용되어왔다.

**　다만, 트랜스젠더 중에서도 예컨대 출생 시에 남성으로 인정된 사람이 사회적으로 기대되는
스테레오타입적인 '남자다움'에 따라 남성으로서 생활하는 데 고통을 느끼는 반면, 여성으
로서 생활하기를 바라고 사회적으로 기대되는 스테레오타입적인 '여자다움'에 따라 생활하
는 것에는 고통을 느끼지 않는 경우, 그 사람은 사회적으로 정의된 젠더(남자다움)로부터의
자유를 지향하고 있다기보다도 오히려 사회적으로 정의된 젠더(여자다움)를 향한 자유를
지향하고 있다고 할 수 있을 것이다.

다 '젠더프리(젠더로부터의 자유)'라는 말에 과민하게 반발하는 것은 단지 '젠더프리'라는 말의 정의定義가 애매하기 때문만은 아님을 알 수 있다. 젠더 보수주의 측은, 젠더 평등주의의 관점이 어느 정도 확장되긴 했어도 새로운 '남녀평등교육' 실천의 어떤 부분을 '지나치다'고 본다는 점에서 젠더 평등주의와 입장을 공유하거나, '이질평등론'의 논법을 내세움으로써 젠더 평등주의와 공존할 길이 남아 있다. 그러나 '젠더로부터의 자유'라는 사고는 젠더 보수주의 주장의 정당성을 근저부터 흔들 가능성을 가지고 있다.

젠더를 향한 자유

젠더 자유주의의 관점은 '젠더로부터의 자유'라는 방향으로 자유를 추구하는 한에서 고정적·비대칭적 남녀의 존재양태를 고수하려는 젠더 보수주의에 대해 가장 대항적인 입장이 될 수 있다. 그러나 자유를 다른 방향에서 찾는 순간 젠더 자유주의의 시점은 의외로 젠더 보수주의를 지지하는 입장으로 모습이 바뀌게 된다.

젠더 자유주의는 개인의 선택 자유를 기반으로 두는 사고방식이다. 따라서 '젠더로부터의 자유'를 인정한다면 마찬가지로 개인의 선택 자유에 기반한 '젠더를 향한 자유'를 인정할 수밖에 없다.[12] 즉, 고정적·비대칭적 남녀의 존재양태를 거부할 자유도 있지만 적극적으로 그것을 선택할 자유도 있다는 것이다. 자유의 시점에서 문제가 되는 것은 어떤 선택이 외부로부터 강제되는 것이지, 그러한 강제가 해소된 결과 개인이 어떤 선택을 하는가는 문제가 아니다. 가령 남자가 이과, 여자가 문과를 자진해서 선택한다든가, 남녀의 다수가 '남자는 일, 여자는 가정'이라는 성별 분업에 대응한 인생경로를 선택한다 해도, 거기에서 명백한 강제성이 확인되지 않으면 더 이상 문제가 되지 않는다. 그 점에서 젠더 자유주의의 관점은 앞에서 서술한 형식적 남녀평등의 관점과 몇 가지 전제를 공유하고 있다. 즉, 젠더 자유주의의 관점은 종래의 고정적·비대칭적 남녀의 존재양태를 해소하는 방향성과 동시에 그것들을 유지하고 보강하는 방향성도 가지고 있다.

여기서 문제가 되는 것은 자유로워 보이는 개인의 선택이 정말로 자유로운 선택인가 하는 점이다. 실질적 남녀평등 항목에서 서술했듯이, 학교사회학의 젠더 연구가 밝혀낸바, 명백한 선택의 강제가 해소된 후에도 표면상 자유로워 보이는 개인 선택의 배후에 '숨겨진 커리큘럼'이 존재하고 있으며 그것이 암묵리에 선택의 수로水路로 작용하고 있을 가능성이 있었다. 따라서 실질적 남녀평등의 입장에서 보면, 교육에서 표면상 '자유로운' 선택을 존중한 결과 한쪽 성이 불리해지는 상황이 해소될 것 같지 않은 경우는, 실질적인 선택 기회의 평등한 실현을 위해 특정 방향으로 아동·학생의 선택을 촉구하는 등의 교육적 개입이 바람직하다. 그러나 젠더 자유주의의 관점, 특히 '젠더를 향한 자유'의 관점에서는 그러한 개입은 '쓸데없는 참견'이자 '부당한 개입'으로 간주된다. 이리하여 실질적 남녀평등의 보상이나 교육적 개입의 시비를 둘러싸고 "자유와 평등의 아포리아^{aporia}*"13가 생기게 된다.

이렇듯 젠더 자유주의와 젠더 평등주의는 젠더 보수주의가 지키고자 하는 고정적·비대칭적 남녀의 존재양태에 반대하는 점에서 공통된다. 그러나 그러한 남녀의 존재양태에 어디까지 반대하는가, 그리고 남녀 간 평등 성취를 위해 개인의 선택에 제한을 가해야 하는가 아닌가에 관해서는 의외로 입장을 달리하고 있으며, 서로 반발하는 일도 있을 수 있다.

---

* 대화법을 통해 문제를 탐구하는 도중에 부딪히게 되는 해결할 수 없는 어려운 문제. 이 문제는 해결하지 못하는 것으로 버려지는 것이 아니라 다른 방법이나 관점에서 새로이 탐구하는 출발점이 된다.(출처: 국립국어원 표준국어대사전) _옮긴이

5. 젠더 리버럴파의 교육은 무엇을 지향하는가

이상과 같이, 오늘날 우리 사회에는 남녀의 존재양태를 파악하는 데서 서로 모순되는 복수의 견해가 존재하고 있다. 그림 4-1은 앞 절까지의 논의를 도식적으로 나타낸 것이다. 실선으로 연결된 입장은 어떤 점에서 다소 가까운 관계에 있고, 양날화살표로 연결된 입장은 어떤 점에서 서로 반발하는 관계에 있다. 이장 1절에서 썼듯이, 젠더 보수주의의 교육론을 비판하는 새로운 '남녀평등교육'론에는 젠더 평등주의와 젠더 자유주의의 양쪽 시점이 혼재해 있다. 그런 의미에서 최초의 입장을 젠더 보수파, 나중의 2개 입장을 젠더 리버럴파로 정의하는 것도 가능할 것이다.

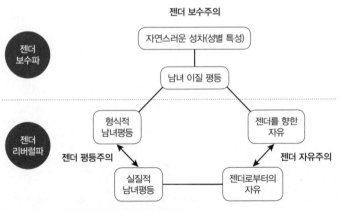

〈그림 4-1〉 젠더의 정의(正義)에 관한 입장들의 상호관계

※실선은 양립할 수 있는 관계, 양날화살표는 서로 반발하는 관계를 나타낸다.

그러나 어쨌든 이들 다양한 입장의 어디에 서는가에 따라 남녀 존재양태의 무엇이 문제이며 어떻게 하는 것이 문제의 해결로 연결되는가도 달라진다. '남녀평등'이 공식적으로는 부정하기 어려운 이념이라 해도 그 '평등'을 성취하기 위해 무엇을 해야 하는가는 물론, 무엇을 두고 '평등'이라 볼 것인가에 대해서도 다양한 견해가 존재하고, 본래 '평등'만이 젠더 정의^{gender justice}에서 유일한 가치인가에 대해서도 반드시 합의가 이루어진 것은 아니다.

이 장의 검토를 통해 본 것 중 하나는 젠더 리버럴파의 교육론과 교육 실천의 어려움은 그것에 대한 젠더 보수파의 반발이 강고하다는 현실적 문제뿐 아니라, 본래 그 교육론 내부에 '자유와 평등의 아포리아'를 포함하면서도 어느 지점에서 자유와 평등의 예정조화를 소박하게 상정해왔다는 이론적 문제에서도 생겨나고 있지 않은가 하는 점이다. 지금까지도 '남녀평등교육'이라는 이름 아래 '개성 존중'을 강조하거나, '젠더프리 교육'이라는 이름 아래 '남녀평등'을 지향하는 논의와 실천은 당연한 것처럼 이루어져왔다. 물론 이 장에서 서술했듯이 남녀의 형식적인 기회 평등과 선택의 자유만을 존중하고 그 결과는 상관하지 않는다면 자유와 평등을 논리적 모순 없이 양립시키는 것은 가능하다. 그러나 결과적인 남녀평등과 실질적인 남녀평등의 측면을 무시할 수 없게 되는 순간, 그 예정조화는 보증할 수 없게 된다.

당연히, 논리적으로 모순이 있어도 문맥에 따른 유연한 대응을 통해 아동·학생을 더 바람직한 방향으로 이끌어가는 것이 불가능하지는 않다. 이 점에 대해서는 다음 장에서 확인하기로 한다.

　마지막으로, '남녀평등교육'이 학습자를 젠더 정의正義에 관한 '정답'으로 이끄는 것이라면, 젠더 정의正義의 정의定義를 둘러싼 논쟁이 계속되고 있는 현실에서 '남녀평등교육'을 하기는 곤란할지도 모른다. 그러나 '남녀평등을 지향하는 교육' 이전에, 먼저 '남녀평등을 생각하는 교육'[14]부터 시작해본다는 발상도 있을 수 있다. 이러한 발상에 서면, 남녀의 존재양태를 둘러싼 오늘날의 혼란은 '남녀평등교육'의 저해 요인이라기보다 오히려 그런 교육에 알맞은 소재라고 말할 수도 있다. 거기에서는 젠더 정의正義에 관한 유일하게 '올바른' 이해를 학습자에게 전달하는 것보다 학습자가 젠더문제에 대해 장래에 다각적으로 계속 생각할 수 있는 힘을 길러가는 것이 중시될 것이다. 남녀의 존재양태를 둘러싼 다른 가치관이 착종하는 상황이기 때문에 언뜻 에움길로 보이는 이러한 타입의 교육 실천 속에서 다양한 문제해결의 실마리가 발견될지도 모른다. 그러한 교육 실천에서는 스스로가 젠더 정의正義에 대해 어떠한 입장을 취하든, 특정 가치관으로부터 일단 떨어져 다양한 입장의 상호관계를 객관적으로 분석하려는 태도도 필요한 것이 아닐까.

제5장

개성 존중의 딜레마
—'남녀평등교육'의 실천 사례로부터—

학교에서 '남녀평등교육'이 확대되고 있지만 그것이 항상 충분한 성과를 올리고 있는 것은 아니다. 그 이유로 실천자의 이해 부족과 역량 부족, 혹은 취지를 이해하지 못하는 다른 교원이나 보호자들로부터의 반발이 거론되는 경우가 많다. 그러나 실은 뜻밖에도 '남녀평등교육'의 콘셉트 자체에 그 어려움의 원인이 존재하고 있는 것은 아닐까. 전교생을 대상으로 '남녀평등교육'을 시도한 초등학교의 사례에 기초하여 이 문제를 생각한다.

1. '남녀평등교육'의 확대

종래 교육사회학에서 학교와 젠더에 관한 연구는 교사와 아동·
학생의 관계를 둘러싸고 주로 2가지 이론적 입장에서 이루어져
왔다.

　하나는 아이를 '젠더 형성의 객체'로 파악하는 입장이다. 아
이를 전통적 사회학 연구의 패러다임인 '사회화 socialization'의 사고
방식에 의거해서 본다면, 학교는 '성 역할의 사회화'가 이루어지
는 주요 기관이며, 그곳에서 아이는 '사회화 에이전트'인 교사와
의 상호작용을 통해 성 역할을 내면화하는 것으로 간주된다. 일
본의 경우 학교에서의 '성 역할의 사회화' 연구는 1980년대 후반
이후 '숨겨진 커리큘럼'과 '학교의 내부 과정'에 주목한 '젠더와
교육' 연구라는 일련의 연구를 통해 발전이 이루어졌다.[1] 예컨대
교과서에 그려진 고정적인 남녀상이나 교원의 직계·담당교과에
서의 남녀의 편향 실태가 밝혀졌고, 그것들이 여자아이들의 성
역할 모델로 기능하는 것이 지적되었다.[2] 또한 교사—아이 관계
에 초점을 맞춘 실증적 연구에서는 교사가 성별 카테고리를 의
도적인 범절교육이나 교육목표로서가 아니라 기능적인 통제상의
전략으로 사용함으로써 결과적으로 '성 역할의 사회화'가 발생하
고 있음이 규명되었다.[3]

　그와 달리, 1990년대 중반이 되자 아이를 '젠더 구축의 주

체'로 파악하는 입장의 연구가 제출되기 시작했다. 이들 연구에서는 교사나 다른 아이들과의 상호작용을 통해 아이들이 젠더 질서를 적극적으로 구축하는 과정이 밝혀졌다. 예컨대 여자보다 남자가 교사와의 상호작용이 많은 경향은 여자에 대한 교사의 배려가 부족했기 때문만이 아니라 여자에 대한 주도권을 쥐려고 하거나 교사의 주의를 더 끌려고 하는 남자의 적극적 행위에 의해서도 생긴다는 점이 초등·중학교에서 확인되었다.[4] 또한 유치원·보육원이나 방과후 프로그램에서 아이들이 미디어나 성인으로부터 전달받은 젠더 메시지를 자신의 생활세계에 적용하면서 젠더규범을 주체적으로 구축하는 한편, 경우에 따라서는 기존의 규범을 뒤집고 변용시키고 있음도 확인되었다.[5]

이렇듯 학교와 젠더에 관한 연구는 '젠더 형성의 객체로서의 아이'와 '젠더 형성의 주체로서의 아이'라는 2가지 이론적 입장에서 학교의 젠더질서를 포착해왔다.

그런데 이들 연구는 어떤 이론적 입장이든 '남녀의 구별과 분리' '성별 역할 분업' '남성우위'와 같은 이른바 '전통적 젠더규범'이 학교에서 지배적이라는 전제를 암묵리에 깔고 있었다. 그러나 2000년대 이후의 학교에서 젠더를 둘러싼 상황은 크게 변화하고 있다. 이들 연구의 성과가 교사들에게 피드백됨으로써, 이전의 '성별특성론'에 기반한 교육 실천과는 다른, '숨겨진 커리큘럼'에 민감한 관점으로부터 새로운 유형의 남녀평등교육(이하 '남녀평등교육')을 시도하는 움직임도 나타나게 되었다.[6] 또한 2000년에 제정된 「남녀공동참획기본계획」(제1차)에서 남녀평등 관점에 입각한 교재 배려, 아동·학생 각각의 개성 존중, 학교 운영 등에서 고정적 성별 역할 분담의 재검토 등이 포함되었던 것처럼 '남녀평등교육'의 실천이 공적으로 추구되기에 이르렀다.[*]

그렇다면 '남녀평등교육'의 실천은 교사 자신이나 아이들에게 어떤 변화를 가져다주었을까? 그것을 통해 학교의 젠더질서에 큰 변화가 생기고 있을까? 아니면 그런 실천에도 불구하고 여전히 예전의 젠더질서가 재생산되고 있을까? 지금까지 자주적으로 '남녀평등교육'을 시도해온 교사들 자신의 실천 보고[**]를 제외하면, '남녀평등'을 전교적인 가치로 내건 학교환경하에서의 젠더질서 구축에 대해 상세히 연구한 것은 별로 눈에 띄지 않는다.[***]

그래서 이 장에서는 교육위원회로부터 '남녀평등교육'의 연구 지정을 받은 초등학교의 현장연구fieldwork를 바탕으로 '남녀평등'이 공적으로 지배적 가치가 되어 있는 학교환경에서 젠더질서가 어떻게 구축되고 있는지 그 과정을 밝히고자 한다. 구체적으

---

[*]   여기서의 '남녀평등교육'이란 제4장에서 '젠더 리버럴파'로 묶였던 입장에서의 교육에 해당하며, '젠더 평등주의'와 '젠더 자유주의'의 양 시점을 아우른 입장에서의 교육이다.

[**] 예컨대 일본교직원조합 교육연구집회 제16분과회 「양성의 자립과 평등을 지향하는 교육」에는 조합원이 각 도(都)·도(道)·부(府)·현(県)에서 행한 '젠더평등교육의 실천 보고'가 매년 수십 건 정도 기고되고 있다.

[***] 몇 안 되는 본격적인 연구의 하나로 기무라 이쿠에(木村育恵)는 『학교사회 안의 젠더—교사들의 에스노메소돌로지(学校社会の中のジェンダー——教師たちのエスノメソドロジー)』(東京学芸大学出版会, 2014)에서 초등·중학교에서의 현장연구에 기초하여 남녀평등이 교육현장에 뿌리내리기 어려운 이유를 교사 측에 조준하여 탐구하고, 그 이유를 '성별특성론'의 강고함, 남녀평등교육의 우선도를 낮출 수밖에 없는 업무과다 상황, '학급 폐쇄성'과 '집단 동일 보조'와 같은 교사 문화, 공식적인 남녀평등 연수(研修)의 불충분함 등에서 찾고 있다. 이 장에서는 교사 문화와 노력의 불철저함과는 다른, '남녀평등'의 콘셉트 그 자체가 안고 있는 구조적 요인으로부터 '남녀평등'이 뿌리 내리기 어려운 배경에 대해 검토한다.

로는 '남녀평등'이 공적 교육목표가 됨에 따라 생겨난 교사와 아동의 변화, 그리고 여전히 드러나는 예전 젠더질서의 구축 양상을 함께 살핀다. 그리고 '남녀평등'이 교육 실천상의 공적 목표가 되어 있음에도 왜 그 효과는 한정적인지, 어떻게 해서 그러한 실천이 무효화되고 있는지를 고찰한다. 이하에서는 먼저 조사의 개요를 서술한 후, 조사 대상 학교의 '남녀평등교육' 개요와 그 성과에 대해 서술한다. 이어서 '남녀평등교육'의 실시에도 불구하고 아동의 행동에서 여전히 보이는 성별 패턴을 확인하고, 그 배경으로서 '개성 존중'이라는 이념의 영향을 지적한다. 그런 다음, 실천 차원에서 '남녀평등'과 '개성 존중'을 양립시킬 수 있는 가능성에 대해 생각한다.

2. 조사 개요와 대상 학교의 실천

조사 대상과 방법

이 장에서 사용하는 데이터는 2000년도부터 2002년도에 걸쳐 규슈九州의 중간 규모 도시인 P시의 교육위원회로부터 '남녀평등교육'의 연구학교로 지정된 L초등학교에서의 현장연구를 통해 얻은 것이다.

P시에서는 예전부터 인근 자치단체에 비해 '남녀평등교육'의 실천이 활발했고, 조사를 한 2002년도에는 모든 시립초등학교와 2개교를 제외한 모든 시립중학교가 남녀혼합명부를 채용하고 있었다. 또한 시립위원회의 지도하에 초등·중학교의 교사들은 독자적인 '남녀평등교육' 안내서와 부교재를 작성하고 있었다. L초등학교의 학구學區는 이 시의 교외에 위치해 있으며, 본래는 농촌지역이었지만 서서히 택지화가 진행되어 조사 시에는 아파트와 단독 주택이 줄지어 서 있었다. 2002년 4월 시점에서 L초등학교의 교직원 수는 약 30명, 아동 수는 약 550명, 각 학년은 3개 학급으로 편성돼 있었다.*

필자는 2001년 11월부터 2002년 10월까지 1년간 '조언자'로서 L초등학교의 실천에 참가하여 다음과 같은 방법으로 데이터

---

* P시와 L초등학교의 실명이 밝혀지는 것을 피하기 위해 시내의 초등학교와 중학교의 수는 굳이 기술하지 않고, L초등학교의 교직원 수와 아동 수도 대략의 수치만 적었다.

를 수집했다. 첫째, L초등학교로부터 학교 경영요강 등 학교에 관한 기본적 자료와 '연구실천' 지도계획과 연차 연구보고서 등을 받았다. 둘째, 2002년 1월에 전교생을 대상으로 일제히 실시한 '공개수업' 때 모든 학급의 수업을 각각 2~15분간 관찰하고 그 모습을 비디오카메라로 촬영했다. 셋째, 같은 날 개최된 '검토회'에 출석하여 연구주임 교원이 발표한 연구구상의 설명, 수업 담당 교원들의 수업 자기평가, 교육위원회 지도원의 평가 등을 듣고 그 내용을 테이프에 녹음했다. 넷째, 같은 해 8월에 L초등학교에서 교장, 교감, 연구주임(3인 모두 남성)에 대한 1 대 3의 인터뷰 조사를 하고, 약 2시간의 대화 내용을 테이프에 녹음했다. 다섯째, 같은 해 10월에 개최된 전교생 '공개수업' 때 전년도와 마찬가지로 전교 수업을 각각 1~15분간 관찰했다. 여섯째, L초등학교에 다니는 중간 학년의 어떤 남자아동의 보호자 1명과 인터뷰를 했다.*

'남녀평등교육'의 실천

L초등학교는 '남녀평등교육'을 진행하면서 '연구주제', '지향하는 아동상※', '키우고 싶은 자질·능력'의 3개 층위로 구성된 상세한 '연구구상'을 마련하고 있었다. 구체적으로, 연구주제로는 '자신다움을 발휘할 수 있는 아이를 키우는 남녀평등교육의 창조'라

---

* 이 데이터의 사용에 대해서는 당시의 L초등학교 교장으로부터 학교명과 개인명을 익명으로 하는 것을 조건으로 학술연구로 발표해도 좋다는 허가를 받았다.

는 메인타이틀과 '서로의 생각을 존중하는 수업 만들기를 중심으로'라는 서브타이틀을, '지향하는 아동상'으로는 '성별에 구애되지 않고 자기의 능력의 발휘하며 개성적·창조적으로 사는 아이'를, '키우고 싶은 자질·능력'으로는 '넓고 관대한 마음' '성차의 인식'** '생활에서 살리는 실천적 태도'의 3가지를 내걸고 있었다.

이들 목표의 달성을 위한 L초등학교의 다양한 실천은 크게 나누어 다음 2가지 방향으로 파악된다. 하나는 젠더에 중립적인 환경 정비, 즉 '숨겨진 커리큘럼'을 젠더의 관점에서 점검하고 학교환경의 '전통적인 젠더규범'과 교사의 젠더 편견을 해소하는 방향에서의 실천이다. 예로, 다음과 같은 실천을 들 수 있다. '남녀혼합명부' '신발장과 사물함의 명부순 배열' '신장순이나 명부순으로 정렬' '이름표와 실내화에 성에 따른 색깔 분별을 하지 않는다' '모든 학교생활 장면에서 남녀 모두 '~상ᄇ'이라는 호칭을 쓴다' '교실 자리의 배열, 체육 팀 나누기는 성별에 관계없이 한다' '학습 모둠과 위원회 활동은 성별로 비율을 정하지 않고 아이들의 관심에 따라 선택하게 한다' '교사는 남녀 모두에게 칭찬과 꾸짖는 방법을 동등하게 하도록 신경 쓰고, 수업 중 지명 회수 등도 남녀 동등하게 한다' '교직원의 성별 역할분담을 해소한다'.

또 다른 방향의 실천은 성별에 구애되지 않는 태도 형성, 즉 수업과 생활지도를 통해 아동들에게 '전통적 젠더규범'에 사로잡히지 않고 자신과 타자의 개성을 존중하는 태도를 익히도록 하

** 여기서는 '성 현상에 대한 적절한 이해'라는 등의 의미로 사용되고 있다.

는 것이다. 이에 대해서는 연간 지도계획에 기초한 체계적인 실천이 이루어져, 각 학년의 아동들이 각 교과목을 배우는 가운데 연중 일련의 '남녀평등'에 관한 학습을 하고 나아가 그것이 다음 학년으로 인계되도록 하는 지도계획이 구성되어 있다. 필자가 관찰한 2번의 '공개수업'은 이러한 일련의 실천이었다.

3. 젠더질서의 변화와 지속

남녀평등주의의 침투

이러한 실천의 결과 L초등학교에서는 다음과 같은 변화가 확인되었다. 먼저, 교사들의 실천을 통해 아동을 둘러싼 환경이 크게 변화하고 있었다. 명부는 '연구실천' 개시 이전부터 남녀혼합이었는데, 그 명부순으로 신발장과 사물함이 배열되고, 집회에서의 정렬, 교실 자리의 배열, 모둠 나누기를 성별 기준으로 하지 않는 것이 철저히 지켜졌다. 또한 이름표, 실내화, 가방 등의 성별에 따른 색깔 구분도 제도상으로는 폐지되었다. 이것들을 통해 학교생활에서 남녀가 공간적으로 분리되는 기회와 남녀를 시각적으로 구별하는 공식적인 지표가 현저하게 감소했다.

교사들과의 인터뷰로부터, 아이들의 역할모델 기능을 하는 교사들 자신의 행동에도 변화가 감지되었다. 예를 들면 예전에는 운동회의 큰 도구를 나르는 것은 암묵리에 남성 교원의 일이었는데, '연구실천'을 시작하고 나서는 남녀 교원이 협력해서 나르게 되었다고 한다. 또한 인터뷰 며칠 전에도 기악제器樂祭 준비를 위해 오르간을 3층에서 1층 체육관으로 운반하는 작업이 있었는데 전 같으면 교원을 소집할 때 "남자 선생님들 부탁합니다."라고 말했던 것이 "짬나시는 선생님들 부탁합니다."라는 방식으로 바뀌어 여성 교원도 참가했다고 한다.

이러한 아동을 둘러싼 환경의 변화로, 아동들 사이에서도 변화가 나타나고 있었다. 교사들에 따르면, 실천을 시작하고 나서 아동들 사이에 남녀가 함께 놀거나 모둠 활동을 하는 일이 늘어나는 한편, '전통적인 젠더규범'에서 벗어난 행동에 대한 공공연한 비판이 보이지 않게 되었다고 한다. 이에 대해 교장은 다음과 같이 말했다.*

전에는 남자아이와 여자아이를 함께 모둠에 넣으면 서로가 "우웩~", "싫어요" 했는데, 그런 소리가 들리지 않게 되었습니다. 이젠 그걸 당연히 받아들이게 되었죠. 같은 목적하에 모인 모둠이니, 그게 남녀 3 대 1이든, 2 대 2든, 저항이 별로 강하지 않게 된 것 같아요.

예전에는 응원단 단장으로 여성이 입후보하면 "헐~" 하는 소리가 자연스럽게 터져 나오는 분위기였어요. 그런데 요즘 학교에서는 여자아이가 입후보한 것 자체에 대해서는 "헐~" 하는 소리는 나오지 않게 되었어요. 그 아이가 말하는 "이런 응원단을 만들고 싶다."는 결의 표명과 같이, 그 박력과 내용을 보고 모두가 결정을 합니다. 남자든 여자든 상관없이 그 아이가 어느 정도 의욕과 비전을 가지고 있는지를 보고 정하는 거지요.

또한 아동의 고정적인 성별 분업 의식이 저하하고 있음도 엿보였다. L초등학교에서는 '남녀평등교육'의 연구실천이 개시된 2000년도의 6학년생과 최종 연도에 해당하는 2002년도의 6

---

* 교사들 발언을 인용한 부분에서, 한정된 글자 수로 의미를 알기 쉽게 전하기 위해 발언 취지에 어긋나지 않는 선에서 어순을 바꾸거나, 사투리 등의 표현을 바꾼 대목이 있다.

학년생에게 같은 질문 항목을 이용한 의식 조사를 실시했다. 그 것에 의하면 "요리나 청소, 세탁은 여자가 해야 한다."고 생각하는 아동의 비율이 줄어들고, 반대로 "그것들은 남녀 모두가 해야 한다."고 생각하는 아동의 비율이 늘어났다. 양 연도의 6학년생 응답을 비교해보면, "여자가 해야 한다."고 답한 아동의 비율은 '요리'(21%→14%), '청소'(8%→5%), '세탁'(29%→8%)의 모두에서 2002년도 학생이 낮아지고 있는 반면, "남녀 모두가 해야 한다."고 응답한 아동의 비율은 '요리'(69%→72%), '청소'(81%→89%), '세탁'(56%→89%)의 전부에서 2002년도 학생이 높아졌다. 물론 "남녀가 모두 해야 한다."고 답한 아동이 다들 '진심'으로 그렇게 생각하고 있다고는 단정할 수 없고, 일정 정도의 아동이 '남녀평등교육'의 문맥에서 기대되는 '정답'을 의식하여 답했을 가능성도 부정할 수 없다. 그러나 비록 그렇다 해도 적어도 고정적인 성 역할에 구애되어서는 안 된다고 생각하는 것 자체가 자신들에게 요구되고 있음을 인식하는 아동의 비율이 높아지고 있는 것만큼은 사실일 것이다.

아동의 행동에서 나타나는 성별 패턴

이처럼 L초등학교에서는 '남녀평등교육'의 실천을 통해 아동을 둘러싼 환경과 아동들 자신의 태도에 큰 변화가 나타났다. 그러나 다른 한편으로 아동들의 행동을 좀 더 주의 깊게 관찰해보면 여전히 남녀별로 현저히 다른 패턴도 확인되었다.

앞에서 썼듯이, L초등학교에서는 모든 소지품의 색을 남녀 구별 없이 자유롭게 선택하도록 했다. 그럼에도 가방에 관해서는 여자의 대부분은 붉은색 가방을, 남자는 거의가 검은색 가방을 착용했다. 예를 들어 2001년도 3학년의 어떤 학급에서는 여자 전원이 빨간색 가방을 착용했고, 남자는 파란색 가방을 착용한 몇몇을 제외하고 전부 검은색 가방을 착용했다.

실내화 색에 관해서도, 가방에 비해서는 어느 정도 다양하긴 하지만, 대부분의 여자는 빨간색 신을 신고, 대부분의 남자는 파란색 신을 신었다. 예컨대 2001년도 '중간발표회' 공개수업에서 관찰한바, 5학년의 어느 학급에서는 자리가 교실 뒤쪽에 있던 16명의 아동 중에 빨간색 이외의 실내화를 신은 여자, 파란색 외의 실내화를 신은 남자를 확인할 수 없었다. 교장에 따르면 '남녀평등교육' 실천을 시작하고 나서 해마다 조금씩 파란색과 빨간색 이외의 실내화를 신는 아동이 늘어나고 있고, 특히 저학년에서는 그런 현상이 두드러진다고 했지만, 파란색을 신은 여자와 빨간색을 신은 남자는 여전히 보이지 않는 듯했다.*

또, L초등학교는 모둠이나 동아리를 성별에 상관없이 아동 본인의 관심에 따라 선택하게 했는데, 교사들에 따르면 남녀의 혼합화가 상당히 진척되고 있는 학급도 있다고 했다. 그러나 2001년도의 5학년 어느 교실에 붙어 있던 모둠의 일람표를 관찰

---

* 물론 소지품의 색에 관해서는 시장에 나온 상품의 다수가 이른바 '남자 색과 여자 색'으로 구분되어 있는 경우가 많지만, 조사 당시에는 L초등학교가 소재한 P시에서도 빨간색과 파란색 이외의 다양한 색깔의 가방이나 하얀색·노란색·녹색 등의 실내화를 가게 진열대에서 쉽게 구입할 수 있었다.

했더니, 7개의 모둠 중 남녀 혼합 모둠은 '스포츠반'(여자 2명, 남자 3명)과 '환경반 A'(여자 3명, 남자 1명)의 둘뿐이고, '집회반 A'(4명), '집회반 B'(4명)는 여자만으로, '스포츠 준비반'(7명), '집회반 C'(4명)는 남자만으로 구성되어 있었다.

이같이 교사들이 젠더중립적인 학교환경의 정비와 젠더에 구애되지 않는 태도 형성을 촉진하고 있었음에도, 아동들의 행동에서는 여전히 남녀별로 현저하게 다른 패턴이 확인되었다. 그 이유는 무엇일까?

이 물음에 대해서는, 아무리 전교생을 대상으로 거의 '철저'하다시피 한 실천을 했어도 가치관과 행동이 변화하는 데는 상당한 시간이 필요하므로 기껏해야 2, 3년 사이에 아동 행동의 모든 측면이 변화할 리 없다는 대답도 나올 수 있을 것이다. 또한 교사들의 실천이 철저하지 않았던 측면도 부정할 수 없다. 확실히, 공개수업 후의 '검토회'에서 교사들로부터 "무심코 남자를 '~군'이라 부른 일이 있다."든가 "남녀 구별 없이 대할 생각이었는데 정말로 그렇게 하고 있느냐고 물으면 자신이 없다."는 등의 발언도 나왔다.

그러나 한 걸음 더 나아가 다음과 같은 질문을 던져보고자 한다. 아동의 변화에 상당한 시간이 걸린다고 하면 그것은 왜인가? 교사들의 실천이 철저하지 않았다면 그것은 단지 교사의 노력 부족에서만 기인하는 것인가? 만일 교사가 철저한 실천을 하기 어렵게 만드는 요인이 있다면 그것은 어떠한 것인가?

현장연구에서 얻은 데이터를 점검하는 가운데, 이 물음들에 대한 대답으로 적어도 다음의 3가지 점이 떠오르게 되었다. ① '남녀평등'과 '개성 존중'을 둘러싼 딜레마, ② 아동집단의 영향력, ③ 가족과의 관계. 이하, 순서대로 상세하게 살펴보자.

4. '남녀평등교육'이 어려운 배경

'남녀평등'과 '개성 존중'을 둘러싼 딜레마

L초등학교의 '남녀평등교육'은 결코 남녀를 완전히 똑같이 만드는 것을 목표로 한 것은 아니었다. 연구주제의 서브타이틀로 내건 '자신다움의 발휘'나 '지향하는 아이상'에서 보이는 "개성적……하게 살아가는 아이"라는 표현에서 나타나듯이 '전통적 젠더규범'에 구애되지 않는, 아동 각자가 '개성'을 발휘할 수 있을 것을 목표로 하고 있다. 그런데 이 '개성 존중'이라는 '남녀평등교육'의 중핵에 놓인 기본적 방침이 아이러니하게도 교사의 아동에 대한, '남녀평등'을 향한 적극적인 작용을 주저하게 하고 있음을 보여주는 사례가 보였다.

아동을 사회화되는 존재로 파악하는 입장에 서면, 많은 아동은 초등학생이 되는 시점에 이미 어느 정도의 '전통적 젠더규범'을 익히고 있고 그에 따른 선호가 형성돼 있다고 본다. 예컨대 앞의 3학년 어느 반의 남자아이는 검은색 가방을 산 이유로 "빨간색보다 검은색이 좋다."고 답했다. 비록 학교환경이 완전히 젠더중립적이라 해도 아동들이 '전통적 젠더규범'에 맞춰 형성돼 있는 선호에 따라 '자신다운' 선택을 하면 그것은 결과적으로 '성별에 구애된' 선택과 다를 바 없어지고 만다.

물론 L초등학교가 이런 결과를 '개성 존중'이라 하여 방치하고 있는 것은 아니다. 그런 '자신다운' 선택의 배후에 숨어 있는 '성별에 구애됨'를 인지하고, 보다 '자신다운' 선택을 할 수 있도록 아동에게 작용을 가하고 있다. 하지만 그러한 실천 자체에서 교사는 모종의 어려움을 겪는다.

예를 들면 앞에서 서술한 2001년도 3학년생의 '공개수업'에서는 가방 색이 빨강과 검정에 편중되어 있는 반면 필통과 옷 등 다른 소지품의 색은 다양하다는 것을 확인시키고, 반드시 성별로 색이 정해져 있지는 않다는 것을 아동들이 깨닫게 하려고 했다. 그리고 마지막으로 가방 그림에 좋아하는 색을 칠해 자신만의 오리지널 가방을 만드는 작업을 하게 했다. 그런데 여자 5명으로 구성된 활동반에서는 모두가 가방을 빨간색으로 칠했다. 담임교사는 문제를 느끼면서도 당장은 그러한 아동의 '자신다운' 선택을 존중할 수밖에 없었다.

여기서 교사가 안고 있는 어려움은 아동의 '자신다운' 선택이 정말로 '성별에 구애되고 있지 않'은 것인지 아닌지를 논리적으로 판단하기가 불가능하다는 점에 있다. 예컨대 빨간 가방을 남자 아동이 선택한 경우나 파란 실내화를 여자 아동이 선택한 경우에는 '성별에 구애되지 않은' '자신다운' 선택이 가능한 것이라는 판단을 주저 없이 내릴 수 있을 것이다. 그러나 남자가 검은 가방을 선택하고 여자가 빨간 실내화를 선택한 경우, 그것이 '성별에 구애된' 선택인지, 아니면 '성별에 구애되지 않은' '자신다운' 선택을 한 결과 우연히 남성용/여성용으로 여겨온 색깔이 된 것인지를 논리적으로 판단하기는 불가능하다. 비록 본인이 '성별에 구애되지 않는다'고 답했다고 해도 그러한 선택에 '전통적 젠더규범'이 전혀 관여치 않았다고는 단정할 수 없다. 그렇다고 그것을 '성별에 사로잡힌' 선택이라고 말할 수 없는 것도 물론이다.

연구주임 교사는 성별에 구애되지 않고 자신이 하고 싶은 일을 생각해보는 시간 중에 성별에 사로잡힌 선택을 하고 있다고 생각되는 아동에 대한 작용의 어려움을 다음과 같이 말했다.

> 예를 들면 장차 목수가 되고 싶다는 남자아이에게 "남자니까 목수를 선택한 거니? 그건 좀 이상하지 않아?"라고 말할 순 없지요. 할 수 있는 일이라고 해봐야, 가령 장차 시장이 되고 싶으니 여성 시장을 찾아가 이야기를 듣고 조사해보고 싶다는 여자아이의 행동을 바람직한 예로 평가하고 제시하는 것뿐이죠. 그런 일을 반복함으로써 "그런가? 나도 남자라서 목공 일을 선택했지만, 꼭 그러지 않아도 되는구나. 내가 하고 싶은 일을 생각해가는 것도 중요하구나." 하는 것을 실감하도록 서포트할 수밖에 없다고 생각해요.

아동집단의 영향력

아동을 주체적인 행위자로 파악하는 입장에서 보면, 아동들이 학교에서 자신의 행동 모습을 결정할 때 고려하는 대상으로서 교사 못지않게 중요하다고 보는 것이 다른 아동의 존재다. L초등학교의 '연구구상'에서는 이 점도 고려하여 '성별에 구애된' 다른 아동의 인정 sanction에 따라 각 아동의 선택이 '성별에 구애되는' 것이 되지 않도록, 연구주제의 서브타이틀로 '서로의 생각을 존중해주는 것'을 내걸고 지도에 임하고 있다. 즉 '자신의 생각을 존중하는' 것과 동시에 '다른 사람의 생각을 존중하는' 것도 중시하고 있는 것이다. 그 결과, 앞에서 보았듯이 교사들의 관찰에 따르면 '전통적 젠더규범'으로부터 벗어난 행동에 대해 공공연한 반발은 보이지 않게 되었다.

하지만 아동의 입장에서 보면 반드시 다른 아동의 평가에 개의치 않고 '자신의 생각'에 따라 자유롭게 행동할 수 있을 것 같지는 않다. 인터뷰를 한 어떤 어머니의 아들은 "만일 네가 핑크색 셔츠를 입고 학교에 가면 어떤 느낌일까?"라는 어머니의 물음에 "핑크색을 입은 남자애는 없어요. 그걸 입었다간 변태라는 말을 들을 거예요."라고 답했다. 어머니에 따르면, 아이의 학급에는 인기 있는 리더 격 남자애가 있고 만일 그 아이가 '전통적 젠더규범'에서 벗어난 행동을 하면 인기 때문에 인정을 받지만, 그녀의 아들처럼 학급 내에서 강한 발언권이나 인기가 없는 아이의 경우 눈에 띄는 색이나 익숙지 않은 색의 옷을 입고 가는 데는 저항이 있는 것 같다고 했다.

이 사례는 다음의 2가지 점에서 미국의 초등학교에서 참여관찰을 했던 B. 손^{Barrie Thorne}의 지적과 일치한다. 첫째, 아동들은 장소에 따라 다른 방식으로 젠더를 구축할 수 있다는 점이다.[7] B. 손에 따르면 아동집단에서 젠더의 가시성^{可視性} 정도는 상황에 따라 다르며, 성인이 있을 때에 비해 아이들만 있을 때에 남녀 간 분리가 두드러지는 경향이 있다고 한다. L초등학교에서도 교사가 함께 있어 '남녀평등'의 규범이 지배적인 장소에서는 동성끼리

따로 뭉치거나 '전통적 젠더규범'에 따라 남녀를 차이화하는 아동들의 행동은 크게 눈에 띄지 않는다. 하지만 그렇다고 해서 교사의 눈이 닿지 않는 장소에서도 아동들이 똑같이 행동한다고는 단정하지 못할 것이다. 또한 '전통적 젠더규범'에서 벗어난 행동에 대한 표면상의 반발이 없어졌다고 해도 다른 아동의 암묵적인 평가가 신경 쓰여 '전통적 젠더규범'에 따르고 마는 아동이 있을 가능성도 부정할 수 없다.

둘째, '전통적 젠더규범'으로부터 벗어난 행동을 취할 가능성의 정도는 아동집단 내의 각 아이들의 권력관계상 지위에 큰 영향을 받는다는 점이다.[8] 특히 학급 내에서 '약한' 입장에 있는 아이는 '성별에 구애되지 않는' 선택을 권하는 교사들의 작용에도 불구하고 다른 아동의 평가를 신경 쓰면서 다수파에 맞춰 무난히 그 자리를 넘기려 하고 있을지도 모른다. 앞의 오리지널 가방 만들기 예에서도 그 반의 여자 전원이 정말로 빨간색을 좋아해서 그렇게 했다고는 단정할 수 없고, 자신만 빨간색 이외의 색을 칠하면 다른 아동이 부정적으로 볼 것이 두려워 다른 아동에게 동조했을 가능성도 부정할 수 없다.

'중요한 타자'로서의 가족

아동들에게 학교는 유일한 생활의 장이 아니다. 아동들의 가치관과 행동 패턴은 학교만이 아니라 가족, 매스미디어, 친구와 이웃 등 다양한 타자로부터의 기대와 승인을 통해 형성된다. 따라서 아동의 가치관과 행동 패턴을 변화시키고자 하는 교육적 작용은 결과적으로 아동과 다양한 타자와의 관계형태, 그리고 아동 자신이 타자에 대해 부여하는 의미의 변경을 요구하게 된다.

다양한 타자들 중에서도 가족은 아동에게 가장 '중요한 타자significant others'[9] 이자 가장 의미 있는 '준거 집단reference group'[10] 이다. 그 때문에 젠더에 관한 가치관과 선호의 형성에 미치는 가족의 영향은 헤아릴 수 없을 만큼 크다. 따라서 만일 아동들의 가족 실태가 '남녀평등'의 이상과 유리되어 있고 그래서 '남녀평등'에 반하는 가정교육이 이뤄지고 있다면 그로 인해 학교에서의 '남녀평등교육'의 추진이 저해될 가능성이 높다.

실제로 L초등학교가 지향하는 '남녀평등'의 이상과 아동 가족의 실태 사이에는 큰 갭이 있는 듯했다. 예를 들면 앞서 말한 3학년 학급에서는 남자가 검은색, 여자가 빨간색 가방을 착용하는 이유로 많은 아동이 "집안 어른들이 정해줬다."든가 "할아버지, 할머니께서 사주셨다."고 답하고 있다. 또, 연구주임 교사에 따르면 남녀 모두 "~님"이라 부르게 하는 실천에 대해 "왜 '님'이라고 호칭을 통일할 필요가 있는가, 남자는 '군'이라고 하는 게 좋지 않은가." 하는 비판이 보호자로부터 쏟아지거나, 수업에서 "남녀 모두 가사를 맡아야 한다."고 말했더니 그 아동이 보호자로부터 "우리 집에서는 아빠가 밖에서 일하고 엄마가 집에서 가사를 하고 있으니 아빠는 가사를 할 필요가 없다."는 말을 들었다는 경우도 드물지 않았다고 한다.

교사들은 그런 아동들 가족의 존재양태를 부정적인 인식으로 연결시키는 듯한 교육을 하는 것에는 주저하게 된다. 앞에서 말했듯이, '남녀평등교육'의 기본적 요소로 '개성 존중'이 위치해 있기에 가족의 존재양태 또한 '올바른' 것은 따로 없으며, 교사들은 개개 가족의 존재양태를 존중할 수밖에 없다. 또한 가족은 아동에게 가장 친밀하고 '중요한 타자'이기 때문에 아이들의 마음을 고려한다면 교사라 해도 매스미디어를 비판하는 것과 동급으로 가족의 존재양태를 비판하기는 어렵다. 또한 일단 보호자로부터 반감을 사면 '남녀평등교육'은커녕 학교 운영과 교육활동 전반에 걸쳐 지장을 초래할 수도 있다.

연구주임 교사의 다음 발언에서는, '남녀평등교육'이 자칫하면 아동 가족의 존재양태를 부정하는 것으로 연결될 우려가 있다는 것, 그렇다고 각 가족의 존재양태를 존중하다 보면 성별에 구애되지 않는 태도 형성을 위한 적극적인 작용을 할 수 없다는 고충이 느껴진다.

말꼬리를 잡고 늘어지는 식의 수업을 하면, 예를 들어 '남자의 색, 여자의 색'에 대해 학습할 때 "너희들 가방 색을 보렴. 남자는 검은색 일색이고 여자는 빨간색뿐이잖니. 왜 그런 색을 샀지?" 하는 식으로 말하면 그것을 사준 할아버지, 할머니를 부정해버리는 것이 되기 쉽죠.

가정이 바뀌면 바람직하겠지만, 현실적으로 '남녀평등교육'이 지역이나 학구(學區)에서 꼭 대환영을 받고 있는 건 아니니까 그 점이 어렵습니다. 그래서 "아빠는 일, 엄마는 가사를 하고 있지만, 너희들은 여러 기술을 익히는 게 좋을 것 같구나." 하고 적당히 얼버무리는 것이 현실입니다.

5. 평등과 개성의 조화를 지향하며

앞에서 보았듯이, 젠더중립적인 학교환경 만들기와 전교생을 대상으로 젠더에 구애되지 않는 태도 형성을 위한 L초등학교의 실천은 당시로는 달리 예를 찾아볼 수 없을 만큼 철저했다. 그럼에도 아동들의 일부 행동에서는 남녀가 현저하게 다른 패턴을 보였다. 각 사례를 검토한 결과 그 같은 행동 패턴이 발생하는 배경으로 다음 3가지 점이 추찰推察되었다. ① 이미 남녀가 각기 다른 지향 패턴을 형성하고 있는 경향, ② 다른 아동들의 암묵적인 평가를 의식하여 '전통적 젠더규범'에 따르고 있을 가능성, ③ 가족 성원의 가치관을 비록 내면화까지는 아니어도 적어도 존중하고 있는 것. 그리고 교사들은 남녀의 다른 지향과 행동 패턴에 문제를 느끼면서도 '개성 존중'이라는 기본 방침 때문에 지도를 더 깊이 진행하기 어려운 상황에 놓여 있었다.

'개성 존중'은 2000년대 이후 새로운 '남녀평등교육'을 실천해오면서, 2가지 의미에서 결코 제외할 수 없는 기본 이념이다. 하나는 그것이 예전 '성별특성론'과의 차별화를 도모하는 데서 핵심적인 이념이기 때문이다. 남녀는 태어나면서부터 다른 '특성'을 가지고 있음을 전제로, 그 특성을 살리고 서로를 존중한다는 '성별특성론'은 각 개인의 '자신다움'을 '여자다움' '남자다움'이라는 이분법적 인간 형성의 틀에 집어넣을 수밖에 없었다. 이러한

'성별특성론'을 비판하며 시작된 새로운 '남녀평등교육'에서 '개성 존중'은 곧 자기 존재 증명의 하나이기도 했다.

또 하나, 1990년대 후반 이후 '개성 존중'이 공적 교육정책 이념으로 자리 잡았다는 것도 '남녀평등교육'에서 이것을 제외할 수 없는 이유의 하나일 것이다. 일례로 1996년 제15기 중앙교육 심의회 제1차 답신 「21세기 우리나라 교육에 대한 전망」*은 "교육은 '자기 찾기의 여행'을 돕는 일"이라면서 "개성 존중이라는 기본적인 사고"를 바탕으로 "각자의 능력·적성에 따른 교육을 전개"할 필요성을 강조했다. 새로운 '남녀평등교육'에 대해 의문과 반발의 목소리가 커져가는 가운데, 교육 이념으로 공적 승인을 얻은 '개성 존중'을 내세운 것은 '남녀평등교육'의 정당성을 나타내는 데 알맞은 수단이기도 했다.

그런데 그 '개성 존중'을 기본 이념으로 내세운 것이 아이러니하게도 '남녀평등교육' 실천에 곤란을 초래하고 있었다. 제4장에서도 검토했듯이, '남녀평등교육'에서 '개성 존중'을 내세우는 순간 '자유와 평등의 아포리아'에 직면하는 것은 원리적으로 불가피한 일이었다.

그러나 '남녀평등'과 '개성 존중'이라는 2가지 이념이 원리적으로는 모순된다고 해도, 실천의 장에서 맥락에 따라 양자 사이의 미묘한 밸런스를 취하면서 양쪽의 실현을 지향할 가능성은 남아 있지 않을까.

---

*   원래의 제목은 「21世紀を展望した我が国の教育の在り方について」이다. _옮긴이

L초등학교의 경우 단지 몇 년의 실천을 했을 뿐이지만, 젠더에 관한 아동의 의식과 행동의 패턴에 여러 변화가 생긴 것은 사실이었다. 또한 앞에서 인용한 인터뷰 내용에서도 알 수 있듯이 L초등학교 교장과 연구주임은 '남녀평등'과 '개성 존중'이 반드시 예정조화되지 않음을 실천을 통해 분명히 인식하고 있었다. 그것을 바탕으로 연구주임의 다음 발언에서 상징되듯이, L초등학교의 교사들은 적극적으로, 또한 착실하게 실천을 시도하고 있었다.

　　현실을 부정하지 않으면서도 전망을 밝혀가는 수업을 해야 한다고 생각합니다. ……먼저 아이들을 통해 조금씩이라도 말이지요.

　도처에서 벌어지는 젠더현상이 아동의 배움과 인간 형성에 어떤 영향을 주는지를 숙고하고, 아이들에게 최선의 지도란 어떤 것인지를 맥락에 따라 생각하면서 유연하게 대응한다. 그런 의미에서 L초등학교의 실천은 '젠더에 민감한 교육'의 가장 우수한 실천 사례의 하나라 할 수 있지 않을까.

제6장

나눌 것인가
섞을 것인가
—별학과 성별 특성을 둘러싼 언설의 혼재—

남녀별학 학교가 점점 감소하고 '남녀평등교육'의 실천이 확대되는 가운데, 남녀별학의 효과와 남녀의 생물학적 특성에 기초한 교육의 중요성을 주장하는 목소리도 커져가고 있다. 이 주장들은 단지 전통으로의 회귀를 지향하고 있을 뿐일까? 아니면 젠더 관련 교육의 실천에 새로운 과제를 제기하고 있는 것일까? 별학과 성별 특성을 강조하는 요즘의 대표적인 논의를 비교하면서 검토를 해보자.

1. 별학론과 특성론

교육 관련 젠더문제에서 자주 논의의 대상이 되면서도 논의가 평행선을 달리기 쉬운 쟁점으로 다음 2가지가 있다. 하나는 남녀별학과 남녀공학 중 어느 것이 좋은가, 또 하나는 남녀는 태어나면서부터 다른 특성을 갖는가 아닌가.

전전戰前 일본의 학교교육은 원칙적으로 남녀별학이었고, 적어도 중류 이상 계층의 남녀는 근대적 성별 분업에 따른 역할을 하도록 교육받을 것이 요구되었다. 전후戰後, 모든 공립초등·중학교와 대부분의 공립고등학교는 남녀공학이 되었지만, 일부 공립고등학교*와 대다수의 사립학교는 별학체제를 유지했다. 또한 공적 교육시책과 공학교共學校 교사들의 의식에도, 남녀의 특성 차이를 전제로 그 특성을 살리려고 하는 '성별특성론'이 짙게 반영되어 있었다.

이 같은 조류에는 남녀공동참획사회기본법이 제정된 1990년 말경을 기점으로 일정 정도 변화가 나타났다. 전후 오랜 기간에 걸쳐 별학체제를 유지해온 고등학교의 다수가 공학으로 바뀌

---

* 전후 신제(新制) 고등학교의 공학 채택 여부는 각 학교의 자유재량에 달려 있었다. 많은 지구(地區)에서는 미 점령군 "군정부의 강경한 지시에 따라 반강제적으로" 공립고등학교의 "공학화를 완전 실시"했지만, 공학 실시에 대해 관대한 조치를 취한 제9군단 군정부가 관할한, 도쿄를 제외한 간토(関東)와 도호쿠(東北)에서는 많은 공립고등학교가 별학체제를 유지했다.(橋本紀子, 『男女共学制の史的研究』, 大月書店, 1992, 303~307쪽)

었다.* 또한 '성별특성론'을 비판하며 남녀의 고정적 성별 분업의 해소를 지향하는 새로운 '남녀평등교육'의 실천이 공적 시책의 후원을 받으며 이루어졌다.(제4장, 제5장 참조)

그런데 이런 움직임이 나타난 지 얼마 안 되어 별학과 성별 특성의 의의를 주장하는 언설이 대두했다. 개중에는 '남녀평등교육'에 대한 반발로, '전통적' 성 역할과 남녀의 특성을 중시하는 예전 교육으로의 회귀를 바라는 보수파의 언설도 포함되어 있었다.** 그러나 동시에 단순한 보수 회귀로 치부할 수 없는 새로운 논점을 포함하면서 종래의 젠더-교육을 둘러싼 논의와 실천을 재검토할 것을 요구하는 주장도 다수 나타났다.

이 장에서는 최근의 새로운 별학론 및 특성론의 변형으로 보이는 몇 가지 주장을 대상으로, 그것들이 젠더-교육에 관한 연구·실천에 미치는 임팩트를 검토한다. 먼저 별학·공학이라

---

* 1975년 전국 392개교(여학교 213개교, 남학교 179개교)였던 공립고등학교의 별학교는 1989년에는 272개교(여학교 180개교, 남학교 92개교)가 되었고, 2014년에는 57개교(여자 만 재적 38개교, 남자만 재적 19개교)로까지 감소했다.(橋本紀子, 『男女共学制の史的研究』, 大月書店, 1992, 374쪽; 文部科学省, 『学校基本調査—平成26年度 (確定値) 結果の概要』, 2014; 増淵則敏, 「県立高校における男女共学と別学の違いによる教育的効果の分析」(政策研究大学院大学教育政策プログラム ポリシーペーパー), 2015)

** 이들 보수파의 언설은, 논의의 구성은 종래의 '특성론'과 거의 다를 바 없었지만, 그것을 보수적 성도덕관과 결합시켜 보수파 정치가와 저널리스트 등이 합세한 광범한 캠페인으로 전개되었다. 이 논진은 특성론 비판의 입장에 서는 젠더 리버럴파의 '남녀평등교육'(이 책 제4장 참조)과 리버럴한 성교육을 적대시하고, 그것들에 "일본의 전통문화를 파괴한다" "사회 해체를 목표로 하는 혁명운동" "과격한 성교육"이라는 딱지를 붙여 비판하면서, 가부장제적인 가족제도하의 남녀별 다른 역할 수행과 그러한 성 역할을 위한 교육의 중요성을 주장했다. 이에 대해 젠더 리버럴파는 보수파의 동향을 '백래시(backlash)' 또는 '배싱(bashing)'이라 부르며 재비판하는 논의를 전개했다.(浅井春夫·北村邦夫·橋本紀子·村瀬幸浩 編, 『ジェンダーフリー·性教育タッシング—ここが知りたい50のQ&A』, 大月書店, 2003; 木村涼子 編, 『ジェンダー·フリー·トラブル—バッシング現象を検証する』, 白澤社, 2005)

는 개념, 그리고 그 관련 논의에 젠더-교육을 둘러싼 다양한 차원의 사상事象이 밀접히 연관돼 있음을 확인한 후, 숨겨진 커리큘럼에 관한 연구성과와 여학교 존속론자의 주장을 소개하고, 별학은 성차별적이고 공학이라야 남녀평등이라고 무조건 단정 지을 수 없음을 보인다. 이어서 요즘의 새로운 별학론·특성론에서 나타나는 논의 구성을 비교 검토하고, 그것들이 젠더-교육의 연구·실천에 어떠한 과제를 제기하고 있는지 고찰한다.

2. 별학과 공학의 연속성과 중층성

별학과 공학이 어떤 상태를 가리키는지는 이미 설명이 필요 없다고 생각할지도 모른다. 일반적으로 별학은 별학교에서 배우는 것, 공학은 공학교에서 배우는 것과 동일시하기 쉽다. 그러나 어떤 교육의 존재양태를 별학으로 보고 어떤 것을 공학으로 보아야 하는지가 늘 명명백백한 것이라고는 단정할 수 없다.[1]

물론 별학교는 공간 면에서 남녀 분리가 가장 철저한 교육 형태라는 점에서 궁극적인 별학 환경이라 할 수도 있다. 다른 한편으로, 공학교가 항상 남녀에게 같은 교육공간을 제공하고 있다고도 할 수 없다. 예를 들면 공학교 중에서도 학급이 남녀별로 설치돼 있는 케이스[*]와, 남녀비가 한쪽으로 너무 편중돼 있는 경우 동성만의 학급과 남녀혼합 학급을 두는 케이스[**]도 있다. 또한 학급이 남녀혼합이더라도 보건체육 등의 특정 과목이나 그중에서도 성교육 단원에서 남녀를 공간적으로 분리하여 교육을 따로 행하는 케이스는 드물지 않다. 이런 교육 형태들을 별학이라

---

[*]   사립 데즈카야마(帝塚山)중학교·고등학교(나라현)에서는 '별학과 공학의 좋은 점을 도입'할 것을 목적으로, 학급 및 교과지도는 원칙적으로 남녀별로 하고, 과외활동과 전교행사는 원칙적으로 남녀 합동으로 하는 '남녀병학' 제도를 채용하고 있다.(帝塚山中学校高等学校, 「男女併学」, 2015)

[**]   예를 들면 후쿠오카(福岡)현립 후쿠오카고등학교의 경우 1980년대까지는 남자만의 학급이 편성돼 있었다.

불러야 할지 공학이라 불러야 할지는 각각의 교육 형태를 별개의 문맥에 위치시킬지 아니면 더 넓은 문맥에 위치시킬지에 따라 달라질 것이다. 그런 의미에서 별학과 공학은 남녀의 공간적 분리/공유라는 측면만을 놓고 보더라도 이분법이라기보다 철저함 정도의 차이라 할 수 있다.

게다가 공학과 별학을 둘러싼 논의·시책·실천에서는 단지 남녀의 공간적 분리/공유만이 문제시되는 것이 아니며, 그에 수반하는 교육효과와 교육의 목표, 내용, 방법이 남녀별로 다른지 아닌지도 문제가 된다.

첫째, 공학론/별학론의 최대 관심사는 학교 설립자나 교육자의 입장에서도, 학습자의 입장에서도 많은 경우 남녀의 공간적 분리/공유 그 자체가 아니라 그 교육효과일 것이다. 더욱이 어떤 교육 실천의 효과에 대한 평가는 그것이 목표로 하는 '교육'이 무엇이냐에 따라 크게 좌우되므로, 교육효과를 논할 때는 그 교육의 목표가 무엇이냐(예를 들면 인격 형성인가, 학업 성취인가, 성인 이후의 역할을 위한 사회화인가) 등을 물어야 한다. 나아가 성인 이후 역할을 위한 사회화가 목표라면 남녀가 다른 역할로 사회화되는 것을 목표로 하고 있는가, 아니면 남녀의 역할 평준화를 목표로 하고 있는가에 따라 효과의 평가는 정반대가 될 수도 있다.

둘째, 교육효과와 교육목표는 교육내용 즉 커리큘럼과 떼어서 생각할 수 없으므로 공학론/별학론 논의에는 자연히 커리큘럼의 남녀 간 차이/공통성도 주요한 논점의 하나가 된다. 전전戰前 일본에서 1879년 교육령이 제정된 이후, 중등학교 수준 이상의 학교는 원칙적으로 남녀별학체제를 유지했다. 그중에는 남녀 한쪽밖에 입학할 수 없는 종류의 학교도 있었는데, 그런 학교들은 커리큘럼 체계도 남녀가 크게 달랐다. 예를 들어 1901년에 제정된 중학교령시행규칙에 의하면, 남자 대상 보통학교기관이었던 (구제) 중학교에서는 "상급학교 진학이나 사회에 나아가기 위한 기초교육"을 의식하여 5년의 취학기간 중 여자용 커리큘럼에 포함되지 않은 한문과 법제·경제를 가르치고, 외국어와 이과계 과목도 여자에 비해 많은 학습시간을 배분했다. 반면, 같은 해에 제정된 고등여학교시행규칙에 따르면, 중간층 이상 여자 대상 보통교육기관이었던 고등여학교는 취학기간을 중학교보다 1년 짧은 4년으로 하고, 남자용 커리큘럼에 포함되지 않은 가사, 재봉, 음악 등을 배치하여 현모양처주의하에 "주부에게 필수적인 지식·기술"을 가르쳤다.[2] 즉, 전전 중등교육기관의 별학체제는 단지 남녀를 공간적으로 분리하는 것뿐 아니라 남녀의 서로 다른 성인 후 역할로의 사회화와 그를 위한 남녀별 다른 지식체계의 전달을 목적으로 하고 있었던 것이다.

전후, 일본국 헌법 제24조에 '양성의 동등'이 명시되고, 미국교육사절단의 권장으로 (구)교육기본법 제5조에 "교육상의 남녀공학이 인정되어야 한다."고 정해짐에 따라 공립초등·중학교와 대부분의 공립고등학교는 공학화되었다. 이때 일본의 주요 관심은 공학 그 자체보다 '여자교육의 개선·향상' 즉 '교육기회와 교육내용의 남녀평준화'였다.[3] 즉, 교육공간의 남녀공유화와 커리큘럼의 남녀공통화가 동시에 진행되었지만, 그 중점은 어디까지나 커리큘럼의 공통화에 있었고 교육공간의 남녀공유화는 차라리 그 수단이었다고 할 수 있다.

셋째, 별학론/공학론 논의에서는 교육목표와 교육내용의 동일 여부에 상관없이 상정되는 교육방법의 남녀 간 차이/공통성도 주요한 논점이 될 수 있다. 왜냐하면 목표가 같고 가르치는 내용이 같더라도 교육방법이 다르면 교육효과가 달라질 수 있기 때문이다. 뒤에 상세히 쓰겠지만, 예컨대 남녀를 다른 방법으로 가르쳤을 때 양성 모두 학력이 향상했다는 점을 근거로 별학을 지지하는 논의가 있다. 그런 케이스에서는 단지 남녀를 공간적으로 분리하는 것보다 교육방법을 남녀별로 달리하는 것이 논의의 요점이 된다.

나아가 교육 이전의 성^性과 성별에 관한 윤리관도 학교 설립자 및 교육자와 학습자 양방의 입장에서 별학/공학을 생각할 때 무시할 수 없는 요인이다. 예를 들면 '남녀칠세부동석^{男女七歲不同席}'이라는 유교의 가르침을 신봉하여 남녀별학을 지지하는 경우나, 역으로 남녀를 나누는 것 자체가 차별이고 부자연스럽다는 신념에 기초하여 공학을 지지하는 경우에서 가장 중시되는 것은 교육효과와는 별개 차원의 윤리관이다. 이때의 별학/공학은 어떤 교육목표를 달성하기 위한 수단이라기보다 그것 자체가 목적화된다고 할 수 있다.[*]

---

* 학교 경영자의 입장에서 별학이냐 공학이냐를 판단할 때 경영상의 이해는 무시할 수 없는 요인일 것이다. 2000년 이후 공학화의 물결을 타고 별학교에서 공학교가 된 학교 중에는 남녀공동참획이라는 사회적 풍조를 의식했을 뿐 아니라 소자화(少子化, 저출산화) 추세를 고려하여 입학생이라는 '고객'층의 확대를 노린 학교도 있었음에 틀림없다. 반면, 별학을 유지

이처럼 별학/공학을 둘러싼 논의·정책·실천에서 문제가 되는 것은 단순한 학습자의 공간적 분리/공유라는 측면만이 아니다. 별학론/공학론에서는 성과 성별에 관한 윤리관과 학교의 경영전략, 남녀별 다른 교육효과를 추구하는지 아닌지, 그리고 어떤 교육효과를 기대하고서 교육의 목표, 내용, 방법을 남녀별로 달리하는지 아닌지의 문제가 교육공간의 남녀 분리/공유라는 측면에 집약되어 논의되어왔다. 그리고 이러한 모든 수준에서의 판단은 남녀의 특성을 달리 보는가 아닌가와 밀접히 관련돼 있다. 이런 이유로, 별학/공학의 문제를 논의할 때 성별 특성에 관한 검토를 전면 배제하기는 불가능하다.

따라서 다음의 별학/공학론 검토는, 별학/공학을 공간적 분리/공유로 한정하지 않고 다양한 수준의 사상事象들을 포함하는 것으로 파악한다. 그리고 가정교육과 학교 외 시설의 지원도 문맥에 포함시켜, 별학/공학을 성별특성론에 대한 평가와 관련지으면서 논의해가기로 한다.

하고 있는 학교가 그렇게 하는 이유 중에는 지금의 별학 유지를 포함한 학교 브랜드의 계속 유지가 경영상 효과적이라고 판단한 것도 포함되어 있을 것이다. 그러나 이 장에서는 경영상의 문제는 다루지 않고 교육효과에 초점을 맞춘다.

3. 별학과 공학의 패러독스

공학에서의 성별 사회화

전전의 남녀별학은 남녀가 성인 후 다른 역할을 하는 것을 목표로 했지만, 전후의 남녀공학은 주로 여자의 교육 수준을 남자의 그것에 합치시키려는 의도로 도입되었다. 이 점에서 종래의 소박한 별학/공학관에서 별학은 남녀를 다른 역할로 사회화하고 공학은 남녀를 공통의 사회화로 이끈다는 견해가 일반적이었다.

그런데 1980년대 후반 이후 학교의 내부 과정을 젠더의 관점에서 비판적으로 파악한 국내외 일련의 연구는 이와 견해가 달랐다. 즉, 남녀가 교육공간을 공유하고 공식적인 남녀공통 커리큘럼을 배운다는 의미의 남녀공학이 반드시 남녀의 사회화 수렴 및 교육·직업 성취의 평등화를 촉진한다고 할 수 없으며, 오히려 보이지 않는 형태로 성별의 다른 사회화 과정을 지속하고 있을 가능성을 시사한 것이다. 이들 연구는 지식체계로서 공식적인 커리큘럼 내에 의도적·계획적인 지식 전달과는 다른 숨겨진 커리큘럼 hidden curriculum의 작용, 즉 일상적인 학습환경이나 교사 및 다른 아동·학생의 상호작용을 통해 남녀혼합 학급에서 남성 우위와 성별 분업에 조응한 젠더 메시지가 아이들에게 전달되고 있음을 밝혀냈다.[4]

가령 일본 교과서를 분석한 결과, 국어 과목에서 작가와 등장인물 중 남성의 비율이 압도적으로 높은 것, 사회 과목에서 여성에 대한 역사 기술이 극단적으로 적은 것, 생활 과목과 기술가정 과목에서 고정적인 성차 관념을 조장하는 삽화나 서술이 곳곳에 보이는 것 등을 지적했다.[5] 학교 학습환경에 대해서는 '남자 먼저'인 남녀별 명부와 담당 학년과 직위가 올라갈수록 남성 교사의 비율이 높아지는 교원의 직계구조 등이 남성우위의 가치를 전달하고 있을 가능성을 지적했다.[6]

또한 교사와 학생의 상호작용과 학생들 간의 언행을 통해 교실 내에서 여자가 주변화되고 있는 모습이 국내외에서 보고되었다. 예를 들어 교사가 의도하진 않더라도 여자보다 남자를 더 많이 상대하거나, 스테레오타입적인 남녀상을 제시하거나, 남녀를 다른 기준으로 평가하는 경향이 있음이 지적되었다. 또한 여자의 발언이 남자에 의해 차단되거나, 이과 실험의 경우 남자는 실험에서 중심 역할을 하고 여자는 기구 준비나 기록 담당 등의 보조적인 역할을 하며, 더구나 그것을 교사들이 '자연'스러운 것으로 받아들이고 있음도 보고되었다.[7]

물론 현재 일본에서는 이런 지적들을 근거로 교재와 학교환경의 개선, 교사의 의식과 실천의 개혁 등이 이루어져 그런 경향이 어느 정도 약화되었는지도 모른다.(제5장 참조) 그럼에도 남녀가 같은 공간에서 남녀공통 커리큘럼을 배운다고 해도 실제로는 남녀에게 각각 다른 지식이 전달되거나 다른 인생경로의 수로水路를 내고 있을 가능성은 여전히 남아 있다고 할 수 있다.

여성의 지위 향상을 위한 여학교론

이렇듯 공학 환경에서 특히 여자의 학업 성취와 직업 성취에 불리한 성별 사회화가 진행되고 있음이 지적되는 한편, 별학이 여자에게 주는 플러스 효과를 재평가하는 논의도 등장했다.

서구에서는 공적인 법제도상 남녀 간 기회의 평등이 이뤄진 후에도 여전히 지속되는 남성우위의 사회 상황으로부터 여성의 해방을 목표로 하는 제2파波 페미니즘이 1970년대에 활발히 일어났다. 이에 즈음하여 여자가 남자와 마주할 필요 없이 안심하고 지원을 받기 쉬운 여학교에서 공부하는 쪽이 더 높은 교육 성취를 얻을 수 있다는 주장이 페미니스트 측에서 나왔다.[8]

일본에서도 여학교 존속의 근거로, 그런 주장이 여학교 관계자들 사이에서 제기되었다. 도모노 기요후미友野清文는 2000년대 전반의 대표적인 여학교 존속론자들(21세기 여자교육을 생각하는 모임, 모치즈키 요시타카[望月由孝], 그리스도교학교교육간담회)과 그 주장의 개요를 소개하고 있다.[9] 그들은 "여자가 주역으로 활동하는 장면이 많아야 하는데, 공학에서는 여자가 자주 나오면 남자들이 싫어하는 경향이 있어 브레이크가 걸린다."면서 공학의 부정적 효과를 제시한다. 반면, "공학이던 중학교 시절에는 소극적이었던 여학생이 여고에 입학한 후 학생회나 위원회 등에서 활발한 활동을 하면서 매우 적극적인 사람으로 변화한 사례가 있다." "여자가 능력을 꽃피우고 리더십을 쥐며 자신감을 갖는 것 등의 면에서 공학보다 더 나은 경우가 많다."며, 여학교의 교육환경이 여자에게 긍정적 영향을 준다고 주장하고 있다.

2010년대에도 여자대학 경영층 사이에서 똑같은 인식을 확인할 수 있다. 여자대학을 경영하는 법인 또는 여자대학(아토미가쿠엔[跡見学園], 도시샤죠시다이가쿠[同志社女子大学], 짓센죠시가쿠엔[実践女子学園], 게이센죠가쿠엔[恵泉女学園]) 사무직에서 근무하는 남성 4인의 좌담회[10]에서는 다음과 같은 이야기가 오갔다.

> 오히려 여대가 거꾸로 남녀공학, 남녀평등을 의식하고 있어요. 그리고 왜 여학생만을 대상으로 교육하고 있는지, 거기에는 어떤 의의가 있는지 하는 것을 철저히 생각하게 됩니다. 남녀공학 대학은 단지 공학이라는 사실에 무임승차하고는 그것으로 안도해버리는 점이 있을지도 모릅니다.[11]

> 무엇 때문에 우리 여대는 여대생에게 교육을 행하는지 하는 문제입니다. 이는 여성의 자립을 실현하기 위한 것이라고 설명할 수 있을 것입니다.[12]

> 공학 대학에 다니는 여학생은 하고 싶지 않은 일, 따분한 작업을 남학생에게 자주 떠넘기는 경향이 있다고 들었습니다. (중략) 그러나 여대에는 떠맡길 남성이 없지요. 무엇이든 자신들이 맡아서 하지 않으면 안 될 환경이니, 자연히 리더십을 익힐 수 있다고 생각합니다.[13]

물론 이러한 인식은 그들 자신의 경험칙이나 들은 이야기에 기초한 것이지, 반드시 객관적인 증거에 근거한 것은 아니다. 하지만 여기서 중요한 것은, 이들 여고·여대의 존재 의의를 주장하는 논의가 전전의 중등보통교육기관에서 전제로 하고 있던 '남자는 바깥, 여자는 안'이라는 성별 분업과 그를 위한 사회화를 당연시하기보다, 전후의 교육개혁에서 남녀공학이 목표로 한 '교육

기회의 균등과 교육내용의 평준화'를 통해 '여자교육을 남자와 같은 수준으로 올리는 것'을 형식적이 아니라 실질적으로 보장하고자 한다는 점이다.

이와 같이, 별학은 남녀를 다른 역할로 사회화하고 공학은 남녀를 공통의 사회화로 이끈다는 예전의 소박한 공학/별학관과는 어떤 의미에서 정반대의 견해, 즉 공학은 여자를 불리하게 하고 별학은 여자를 유리하게 한다는 언설이 일정 정도 받아들여지고 있는 것이다.

4. 방법으로서의 별학론과 특성론

남자의 특성을 의식한 양육론

앞 절에서 보았듯이, 서구에서 1970년대 이후에 제기된 별학의 교육효과에 관한 주장은 여자의 교육 성취 및 지위 성취와 관련되어 논의되었다. 그러나 1990년대 후반이 되자 '남자문제'의 사회문제화(제1장 참조)를 배경으로, 남녀의 특성 차이에 근거하여 남녀의 교육방법을 나누어야 한다는 주장이 여자보다 오히려 남자에 초점을 맞추어 전개되었다. 이런 교육론은 학교의 남자 교육방법에 관한 정책적 논의에 그치지 않고 가정의 남자아이 양육방법에도 파급되었다.

세계에서 '남자문제'가 가장 사회문제화한 나라 중 하나인 호주에서는 1990년대 후반에 남녀의 특성 차이를 전제로 하여 남자아이에게 적합한 양육법을 제시한 심리학자 S. 비덜프 Steve Bidduph의 저서 *Rasing Boys*[14]*가 베스트셀러가 되었다.

비덜프는 성차에 관한 사회의 동향에 대해 다음과 같은 인식을 제시한다. 오랫동안 생물학적 차이라는 이름 아래 여성을 가사와 어머니 역할에 가두는, 여성의 시민권을 제한하거나 임금 차별을 정당화하는 "끔찍한 일이 일어나던" 시대[15]가 지속되

---

* 한국어판으로 『아들 키우는 부모들에게 들려주고 싶은 이야기』(북하우스, 1999)가 출간되었다. _옮긴이

었다. 그 후 1970년대가 되자 이번에는 "남자다움이라는 것을 무시하고 남자아이나 여자아이나 실상은 모두 똑같다고 주장하는" 것이 유행했다. 그러나 "부모들이나 교사들이 계속 얘기해왔듯이 이러한 접근법은 적합하지 않았다."[16] 그리고 뇌의 구조나 호르몬 분비에 관한 "새로운 연구는 남자아이들이 긍정적인 면에서 여자아이들과 다르다고 하는 부모의 직관을 뒷받침"하고 있으며, "우리는 그 차이에 주목하고 남자아이의 남자다움을 정당히 평가하는 방법을 체득하지 않으면 안 된다."[17]는 것이다.

그는 여자아이와 비교했을 경우의 남자아이 특징으로서, 몸이 성숙하기까지 발달 속도가 느리며, 언어능력과 커뮤니케이션 면에서 뒤지고, 숫자와 기계를 다루는 능력은 뛰어나며, 활동적인 것 등을 들고 있다. 그리고 그러한 남녀 차이에 근거하여 남자아이를 건전하게 키우기 위한 조언을 아버지와 어머니에게 각각 다르게 제시한다. 즉, 아버지에게는 "공포가 아닌 존경 때문에 당신을 기쁘게 하고 싶은 마음"으로 반응케 하는 교육을, 또한 여성 존중을 가르치는 것 등[18]을, 어머니에게는 "남성 전체가 지닌 감정"에 기초하여 "순수한 남자아이에게 너무 많은 편견을 뒤집어씌우지" 말 것과 여자아이와 어떻게 하면 잘 지낼 수 있는지를 가르칠 것 등[19]을 주문하고 있다. 나아가 학교교육에 관해서도 남자의 취학을 늦추는 것, '남자의 약점'인 언어능력의 습득을 돕는 것, 친근한 동성 모델로서 "따스함과 엄격함을 동시에 갖춘" 남성 교사를 늘리는 것의 중요성 등을 제언하고 있다.[20]

비델프는 능력과 좋아하는 것, 행동 등에서 남녀 간 생물학적 차이가 있음을 주장하지만, 그것은 어디까지나 평균적인 차이이며 동성 내에도 개인차가 있다는 것을 언급하고 있다.[21] 또한 그러한 성차에 대해 "여성이 남성보다, 남성이 여성보다 뛰어난 것을 의미하지 않는다."[22]고 단언하여, 생물학적 성차에 관해서는 이른바 이질평등론의 입장을 취하고 있다. 그러나 장차 '남자는 일, 여자는 가정'이라는 남녀별 다른 역할 수행을 전제로 하는 논의는 보이지 않는다. 오히려 소년에게 여성 존중을 가르치는 것[23]이나 소년에게 가사를 시키는 것[24] 등의 조언을 하고 있는 점에서 남녀의 권력관계에서 고정적 성별 분업의 해소를 지향하고 있다고 할 수 있다.

즉, 그의 양육론은 생물학적 성차를 강조하고 있지만 예전의 특성론처럼 그것을 유지하거나 그것을 근거로 남녀를 장차 이분법적인 사회적 역할로 이끄는 것을 '목적'으로 하고 있지는 않다. 생물학적 성차는 어디까지나 남녀 각각에 대한 교육의 '방법'을 생각할 때 근거로 하는 '전제'일 뿐이다.

비덜프 저서의 일본어 번역서가 나오고 나서 얼마 뒤에 일본에서도 남자의 양육법에 관한 안내서가 인기를 누리게 되었다. 그 일례가 전 보육사 하라사카 이치로原坂一郎가 쓴 『남자아이의 가정교육에 애를 먹을 때 읽는 책男の子のしつけに悩んだら読む本』(2010년)이다. 하라사카는 대학 졸업 후 독학으로 보육사 자격을 취득하고, 당시로서는 보기 드문 남성 보육사로서 23년간 일했던 경험을 통해, 남자아이들은 여자아이 이상으로 어머니로부터 이해받고 있지 못함을 통감했다고 말한다. 그래서 "남자아이의 대표가 된

심정으로" 어머니들에게 취학 전 남자아이들의 '마음의 소리'를 대변하는 자세로 그 책을 집필했다는 것이다.[25]

하라사카는 비덜프만큼 성차의 생물학적 근거에 대해 명확히 언급하고 있지는 않지만, 남자아이의 양육법을 논하는 전제로서 남녀는 몸의 구조만이 아니라 마음의 구조도 완전히 다르고 그것이 행동의 차이로 나타난다는 인식을 보이고 있다.[26] 그리고 어머니에 대해 "내 아이는 어째서 이런 짓만 할까?"라고 생각할 게 아니라 "남자는 이런 것"이려니 하고 "가르치지 않는 가정교육"을 하라고 말한다. 그러다 보면 어머니도 즐겁고 남자아이도 "구김살 없이 자랄" 것이라는 믿음을 갖고, "10번 말해서 고쳐지면 다행으로 생각하라" "하지 않을 때 꾸짖기보다 했을 때 칭찬하라"는 등의 다양한 구체적 조언을 하고 있다.

마찬가지로 전 보육사인 고자키 야스히로小崎恭弘도 어머니를 위한 가이드북인 『남자아이에게 정말로 와 닿는 꾸짖는 법 칭찬하는 법男の子の本当に響く叱り方ほめ方』(2014년)에서 같은 논의를 전개하고 있다. 그도 간사이関西의 어떤 시에서 공립보육원 최초의 남성 보육사로 12년간 일하고 자신도 3명의 남자아이를 키운 경험으로부터, 취학 전 남자아이를 가진 어머니들이 남자아이의 행동을 이해하는 데 애를 먹거나 남자아이를 대하는 법에 고충을 겪는 것을 몇 번이나 보았다고 말한다. 그래서 그 책에서 어머니를 대상으로 "남자의 세계"가 대체 어떤 것인지를 해설하고, 남자아이를 불필요하게 꾸짖는 것을 피할 것과 남자아이의 마음에 가 닿는 꾸짖는 법에 대해 구체적인 조언을 하고 있다. 그리고 성차의

생물학적 근거는 명확히 언급하고 있지 않지만, "남녀에 대한 제도나 의식意識 속의 차별은 없어져야 마땅"하나 "남녀의 차는 신체적 차이 외에도 명백히 존재"[27] 하므로, 어머니들은 남자아이를 양육할 때 비록 개인차는 있을지라도 먼저 남자아이를 "다른 생물"로 인식하는[28] 데서 시작해야 한다고 쓰고 있다.

하라사카와 고자키 양육론의 주안主眼은 가정교육이 남녀의 호오好惡나 행동 패턴상의 성차를 이해한 바탕 위에서 이루어져야 한다는 것이다. 그렇게 함으로써 어머니의 불필요한 부담과 불만이 경감되고, 남자아이가 '구김살 없이' '무럭무럭', 동시에 사회성을 익히면서 자라도록 돕는다는 것이다. 물론 이 같은 성차를 전제로 한 양육이 결과적으로 지향과 행동 패턴에서 남녀의 성차를 유지·확대할 가능성은 부정할 수 없을 것이다. 그러나 그들의 양육론 또한 종래의 특성론처럼 성차의 유지·확대나 성차에 대응한 이분법적 분업으로 아이들을 이끌어가는 것을 '목적'으로 하고 있는 것은 아니다.

별학을 통한 교육 성취 촉진

앞에 소개한 책들은 남자아이의 성품교육과 가정교육에 관한 부모 대상 양육서지만, 동일한 인식적 입장에서 학교교육의 맥락을 포함해 남녀 양방에 대한 별학의 효과를 말하고 있는 책이 있다. 교육평론가 나카이 도시미中井俊已의 『남녀별학으로 아이는 자란다!男女別学で子どもは伸びる!』(2014년)이다. 이 책의 요점은 남녀 간에는

태생적인 생물학적 차이가 있고, 그러한 남녀의 특성에 따른 교육을 할 수 있는 남녀별학이 공학에 비해 교육효과가 높다는 것이다.

나카이는 먼저, 남녀 사이에는 "언어능력, 공간인지능력, 청각, 흥미를 끄는 대상, 기억 방식, 감정 처리 방식, 성장 속도, 행동, 독서량, 학습태도, 친구·교사와의 인간관계 구축 방법, 바라는 것, 장래의 꿈" 등 실로 다양한 측면에서 성차가 보인다고 쓴다.[29] 그리고 주로 뇌과학의 연구성과를 근거로 들면서 그러한 차이는 사회가 만들어낼 뿐 아니라 "뇌의 신경경로 작용과 호르몬에 의한 것이기도 하다"[30]는 인식에 기초하여, "차이를 고려하지 않고 남녀를 똑같이 가르치면 무리가 생기"기 때문에 "같은 학습내용을 가르치더라도 남자에게 맞는 방법, 여자에게 맞는 방법으로 가르치면 각각의 좋은 점을 살릴 수 있다"[31]고 주장한다. 그 예증으로, 일본이든 해외든 학력 최상위교의 다수는 남녀별학교라는 것, 그리고 공학교이면서 학급과 수업을 별학으로 하여 성과를 올린 해외의 학교 사례를 소개하고 있다.

이 책의 권두에는 부록으로 남녀별 '양육법 포인트'가 실려있다. 남자에게 맞는 방식의 예로는 "재미있을 것 같은 생각이 들게 한다" "게임 감각으로 의욕에 불을 지핀다" "왜?라는 상황에 익숙해진다" "실수를 엄하게 꾸짖지 않는다" "강제성이 아니라 자주성을 중시한다" "영웅 소망을 자극한다" "앞으로 잘 자란다!는 것을 믿어 의심치 않는다"의 7가지를 들고 있다. 한편 여자에게 맞는 방법으로는 "작은 과제를 주고 자주 평가한다" "괜

찮아, 할 수 있어, 라고 격려한다""결과보다 과정을 보고 칭찬한다""깔보듯이 꾸짖지 않는다""답이 아니라 조언을 준다""공주 소망에 공감한다""소중한 아이라는 느낌을 갖게 한다"의 7가지를 들고 있다.*

나카이 남녀별학론의 주안은 교육 성취에 있다. 생물학적 성차가 강조되고 있지만, 남녀별 다른 특성을 유지하는 것이나 그것을 근거로 남녀를 장차 이분법적인 사회적 역할로 이끄는 것을 '목적'으로 하지 않고, 그런 성차에 입각한 교육을 '방법'으로 이용함으로써 남녀 모두 교육 성취를 높이는 것을 목표로 한다. 더욱이 별학의 효과로서 "여자는 리더십을 발휘할 수 있다"는 것, "남자는 여자에게 떠넘기지 않고 청소를 할 수 있다"는 것을 들고 있는 등, 남녀의 장래 역할의 상호침투도 지향하고 있다. 이런 점들에서 역시 종래의 특성론과는 크게 다르다.

이 절에서는 2000년대 이후 일본에서 등장한, 성별 특성을 강조하는 새로운 유형의 양육론과 별학론의 논의 구조를 확인했다. 예전의 특성론은 고정적 성 역할로의 사회화를 문제화하지 않고, 당연시되는 남녀별 다른 '특성'을 살리는 것을 교육의 '목적'

---

* 학습태도가 학력에 미치는 효과가 남녀별로 다른 경향을 보인다는 분석 결과도 있다. 중학생의 데이터를 이용한 학력의 규정 요인에 관한 회귀분석에 따르면, 여자는 국어와 수학에서 "친구와 공부를 서로 가르치"는 것이 플러스 효과를 갖지만 남자에게 그런 효과는 보이지 않고, 역으로 남자는 수학에서 "친구와 공부를 경쟁하"는 것이 플러스 효과를 갖지만 여자에게 그러한 경향은 보이지 않는다.(伊佐夏実, 「学力の男女格差」, 志水宏吉・伊佐夏実・知念渉・芝野淳一, 『調査報告「学力格差」の実態』, 岩波書店, 2014, 23-35쪽)

으로 했다. 반면에, 이 절에서 다룬 논의들은 남녀의 다른 '특성' 이라고도 할 성차를 전제로 하고 있지만, 그런 남녀의 다른 '특성' 을 살리는 것을 '목적'으로 하고 있지는 않다. 그보다는 그 '특성' 을 다른 목표를 달성하기 위한 '방법'의 전제로 강조하고 있으며, 오히려 '목적'의 차원에서는 성차의 축소와 평준화를 지향하는 측면도 가지고 있다. 따라서 이 논의들을 종래의 특성론과 완전히 동렬로 다루어서는 안 될 것이다. 이 장에서 다룬 논의들 역시 남녀의 '특성'을 중시한다는 점에서 특성론의 하나로 위치시킨다고 하면, 그것들을 '목적으로서의 특성론'과 대비하여 '방법으로서의 특성론'이라 부르기로 한다.

5. 재귀적 남녀공학론

이렇듯, 남녀가 같은 교육공간에서 같은 공식 커리큘럼을 배우는 형식적인 남녀공학이 반드시 남녀의 교육 성취 평준화와 고정적 성 역할로부터의 해방에 기여한다고 할 수 없음이 지적되는 한편, 오히려 별학과 남녀별 다른 방법의 교육과 양육이 남녀의 평준화와 쌍방의 성취 향상에 기여한다는 언설이 대두했다. 그와 병행하여 공학과 별학의 양쪽 이점을 살려, 공학을 원칙으로 하면서도 일부 별학을 채용하는 시도도 이루어졌다. 그것들 중에는 학급활동과 교과학습은 원칙적으로 남녀별로 하고, 과외활동과 전교행사는 원칙적으로 남녀 합동으로 하는 '남녀병학'과 같은 시도도 포함되는데, 여기서는 그 가장 세련된 논의의 하나로 독일의 '재귀적 남녀공학reflexive Koedukation'론을 다루고자 한다. 이 호칭의 용법에는 어느 정도의 변형이 있는데, 여기서 다루는 것은 이케야 히사오池谷壽夫가 일본에 소개한 H. 파울슈티히 빌란트Hannelore Faulstich-Wieland의 논의, 그리고 그녀도 위원의 한 사람으로 참가한 노르트라인베스트팔렌Nordrhein-Westfalen, NRW 주州 수상직속위원회의 답신 『교육의 미래—미래의 학교』(1995년)에 나오는 '재귀적 남녀공학' 구상이다.[32]

이 재귀적 남녀공학이란 공학을 원칙으로 하면서도 학습 상황에 따라 부분적 별학을 채용함으로써 "공학 수업을 유지하고 그것을 자각적으로 개량"하려고 하는 실천이다.[33] 여기서의 목표는 "학교의 일상생활에서 젠더 위계질서 gender hierarchy를 해체하고 양성관계를 새로이 규정하며 그를 통해 양성 남녀동권의 공동생활·공동학습을 이루는 것"으로, "남녀 공동의 평등하고 포괄적인 교육을 가능케 하며 젠더 특유의 스테레오타입적 할당을 해소하기 위해, (중략) 모든 필요하고도 본질적인 지식과 능력을" 여자와 남자에게 동등하게 촉진·형성하는 것이다.[34]

부분적 별학이라는 방법이 제창된 배경에는 종래의 공학교교육에 대한 반성이 놓여 있다. 즉, 공학이 남녀의 젠더 스테레오타입 해소를 촉진하기는커녕 오히려 여자와 남자의 고정적 역할행동을 강화하고 있었다는 것이다. 부연하자면 공학에서는 여자가 "남자보다 주목과 승인을 받는 경우가 적"고 "수행능력 대신에 적응행동을 각인하도록 하는" 데 비해, 남자는 그 지적 능력이 격려·강조되는 한편으로 언제나 여성보다 뛰어나야 한다는 '우월 명령'과 "일체의 부드럽고 정서적인 측면, 안전과 부드러움에 대한 바람"을 숨겨야 한다는, '지배적 남성 스테레오타입'에 의한 억압 아래 놓여 있다는 것이다.[35]

재귀적 남녀공학론은 이러한 상황을 극복하기 위해 부분적 별학을 채용하려는 것인데, 그것은 완전한 공학에서는 불가능한 것일까? NRW 주의 답신은, 젠더에 관한 모든 문제는 모든 사람들의 아이덴티티에 관한 것이므로 그 변혁을 촉구하려면 "계몽하는 것만으로는 불충분"하며 "남자와 여자가 반대의 경험을 함으로써 젠더 스테레오타입의 고정화를 해체하는" 것이 필요하다

는 인식을 보이며, 그 유효한 방법의 하나로 부분적 별학의 채용을 제창하고 있다.[36]

　부분적 별학 환경의 의의로는 예컨대 다음의 점을 들 수 있다. 한편으로, 남성적 가치를 표준으로 하는 남성우위문화가 지배하는 학교교육 환경에서 여자의 능력을 충분히 살리기 위해 "여학생이 힘센 것과 부정적인 것으로 체험하는 남자와의 대결"을 하지 않아도 되는 공간과, 이과·수학·체육 등 남자우위 과목의 수업에서 "그녀들의 흥미에 맞춰 남자의 척도로 평가되지 않는 보호 공간"을 준비할 필요가 있다.[37] 다른 한편 남자교육과 관련해서는, "여성적인 것의 과소평가 및 제외에 의한 정동적情動的 차단을 극복하기" 위해 "여성의 시점視點과 여성문화"를 경험케 함으로써 문화적으로 남성적/여성적 능력으로 간주되는 것들에 동등한 가치를 부여하도록 촉진하는[38] 데 남자만의 집단에서 얻는 경험이 효과를 발휘할 수 있다. 이 점들은 앞에서 말한 여학교 존속론, 그리고 나카이의 별학론 주장 즉 별학의 효과로 "여자가 리더십을 발휘할 수 있다"는 것, "남자가 여자에게 떠넘기지 않고 청소를 할 수 있다"는 주장과도 일치한다. 또한 학습주체인 학생들 사이에서 스포츠, 자연과학, 성교육의 별학 또는 일시적 별학을 지지하는 목소리가 많은 것도 무시할 수 없는 점이다.[39]

　하지만 그러한 성과는 "단지 여자만 또는 남자만 함께 있다"고 해서 "자연스럽게" 생기는 것은 결코 아니다. 재귀적 남녀공학에서 부분적 별학의 의의를 찾을 수 있는 것은 "여자의 자기

의식 강화와 남자의 성별에 반하는 발달이 실제로 달성될 때뿐"
이다. 더욱이 그러한 성과를 올리기 위해서는 모든 교육 실천을
기존의 젠더관계를 안정시키는 것인가 아니면 그 변혁을 촉진하
는 것인가 하는 점에 비추어 빈틈없이 검토할 필요가 있다. 그리
고 교육자에게도 "고도의 사회적 민감함 및 교수능력을 갖출 것
과 특히 자신의 '성별' 역할관 및 행동과의 철저한 대결"이 요구
된다.[40]

　　이케야는 재귀적 남녀공학론의 구상에 기초하여 일본 남녀
평등교육의 과제로 다음의 점을 든다. 먼저, 공동성을 추구한다
는 의미에서의 '남녀공학' 실현이다. 구체적으로는 남녀별학교를
공학교로 전환할 것과, 명부 표기를 포함해 다양한 장면에서 불
필요하게 학생을 남녀별로 구분하지 말 것이 여기에 해당한다.
다음으로, 남녀 성별 차이의 특화를 남녀평등으로 간주하는 '특
성론'적 남녀평등론을 넘어서서 "남녀의 성별에 구애되지 않는,
각 개인의 개성을 살리는" 남녀평등교육의 지향이다. 나아가 장
소적 남녀공동이라는 의미에서의 단순한 '공학'을 재검토하는 것
이다. 여기에는 교사-학생 간, 그리고 학생들 간의 소통 분석을
통해 공학 장면에 전통적인 남녀의 역할이 스며 있지는 않은가,
"자연과학계의 수업이 남자 중심으로 전개되고 있지는 않은가"
등을 세밀하게 검토하여 "만일 공학보다 일시적인 별학이 여자의
이니셔티브 발휘에 유리하다면 학생의 의견도 수렴하여 대담한
별학"을 시도할 것 등도 제안하고 있다.[41]

6. 약자 지원을 위한 별학론

'피난 장소'로서의 남학교

지금까지 본 '방법으로서의 특성론'은 적어도 고정적인 성 역할로의 사회화를 지향하지 않는다는 점에서 '목적으로서의 특성론'과는 다르다. 또한 앞 절의 재귀적 남녀공학론이 제기하는 부분적 별학의 도입도 그 목표는 "젠더 특유의 스테레오타입적인 할당을 해소"하기 위한 것이었다. 그런데 최근 연구에 따르면, 사회적으로 불리하고 배제당하기 쉬운 남자아이를 돕기 위한 현장의 실천이 도리어 그들로 하여금 스테레오타입적인 '남자다움'과 '남성 역할'로 향하도록 하고 있음이 밝혀졌다.

그 한 예가, 기무라 요코木村凉子 들이 남녀공학화에 관한 공동연구를 할 때 조사 대상으로 했던 사립남학교 A교의 실천이다.[42] 이 학교는 이른바 진로다양교로서, 조사 몇 년 전 '특별진학코스', '보통과 코스', '전문과 코스'라는 3코스제를 조직했다. 그런데 자격 취득에 주력하는 '전문과 코스'에는 "공부도 스포츠도 잘 못하고 성격적으로도 온순해서 자기주장을 잘 못하는 남자들"이 비교적 많이 모이게 되었다고 한다. A교의 교사들은 그들을 "방치된 아이" "무시당해온 아이" "있을 곳이 없던 아이" 등으로 표현하고 있다. 그들은 다른 코스의 학생들에 비해 자존감이 낮고 "자신의 성性에 대한 긍정감" "행복감" "스포츠 능력" "친구관계""부모의 기대" 등 모든 면에서 스스로를 부정적으로 보는 경향이 있었다.

A교의 관계자들은 이런 유형의 남자들에게 남학교는 일종의 '피난 장소'로 필요하다고 주장한다. 왜냐하면 그들은 강한 여자에게 이지메당한 경험이 있거나 "여자를 대하는 데 미숙하고 여자와 논쟁을 잘 못하는", 남자 중에서도 "열위에 놓인 남자들"로, "여기서 한 번 숨을 고르지 않은 채 그대로 세상에 방출되면 형편없이 될" 우려가 있기 때문이다.*[43]

그렇지만 진로다양교에는 비교적 학업 성적이 좋거나 스포츠에 능한 '짓궂은' 남자들도 있기 때문에, 그들과의 관계성에서 '열위'에 놓이는 남자들은 남학교 내부에서도 열등감을 느끼거나 이지메 대상이 될 가능성도 있다. 그 때문에 A교에서는 코스 분리를 통해 숫기 없는 남자를 다른 유형의 남자로부터 분리함으로써 학급 내에 강자와 약자가 형성되기 어렵게 하고 있다.

나아가 A교에서는 "고독하고 자신감이 없는 남자아이"들을 여자나 다른 유형의 남자로부터 분리할 뿐 아니라 그들을 사회적으로 자립시키기 위한 지원도 시도하고 있다. A교 관계자들은 "여자는 종속하면서 살아가는 방법도 있"지만 남자는 "근본적으

---

* 여기서는 남자 중에서 상대적인 약자만을 다루었지만 같은 지적은 여자에게도 해당된다. 모치즈키 요시타카(望月由孝)는 "중학교 시절에 남학생에게 이지메당하여 부등교(不登校) 상태가 된 경험이 있"고 고등학교 진학 후에도 '남자 공포증'이 치유되지 않아 "1학기 말에 사립 여학교로 전학한" 학생의 예를 들면서, "신경이 몹시 여린 데다가 중학교 시절 남자에게 이지메당하거나 무시당한 경험을 갖"고 있어 "여학교에서밖에 배우지 못하는 학생이 현실에 있"음을 지적하고 있다.(望月由孝, 「公立女子高 廢止してはならない理由」, 『朝日新聞』, 2002年 7月6日付 朝刊)

로 스스로 뭔가를 해서 먹고살아갈 방법밖에 없기"때문에, 장차 처자를 경제적으로 부양하는 것은 무리라 하더라도 하다못해 "가족으로부터 독립하여 스스로 먹고살아가게"하는 것을 목표로 그들을 지원하고 있다.[44]

이런 실천 중에는 방과후강좌 제공도 포함된다. 소위 '여성직職'이라 불리는 직업에의 취직을 염두에 두고, 각 학생의 흥미와 관심에 따라 예컨대 보육사 지망생이 피아노를 배우거나 조리사 지망생이 요리를 배울 수 있게 하는 것이다. 그러나 동시에 그들이 "지금껏 가정과 학교에서 받았던 손상을 치유하고"자신감을 갖게 하기 위해 무도, 캠프, 해외연수 등의 기회를 적극 제공하여 '남자다움'을 키우고 있다고도 한다. 즉 A교에서는 "개성을 중시하는 교육 원리에 입각하여 '남자답지 않은 자신다움'을 살리는 한편으로 '자립을 위한 남자다움'도 획득시키려고 하는, 모순된 메시지"를 동반한 지원 형태를 취하고 있는 것이다.[45]

'남자다움'을 이용한 '다시 서기' 지원

기존 젠더질서의 '남자다움'을 이용하여 사회적으로 배제되기 쉬운 층의 남자아이를 지원하고 있는 예는 학교 밖에서도 보고된다.

야마구치 기오토山口季音는 아동양호시설의 현장조사를 통해 직원들이 자주 스테레오타입적인 남성성을 이용하여 시설아동을 지원하고 있는 양상을 보고하고 있다.[46] 남녀의 생활공간이 완전히 분리되어 있는 그 시설에서, 직원이 가끔 "남자라면 지면 안 되지" "남자는 울면 안 돼"라는 말로 남아를 타이르는 등, 스테레오타입적인 남성성을 제시하는 장면이 관찰되었다. 또한 여아를 지도할 때도 직원이 "행동을 얌전히 하라"는 말을 하는 경우도 있다고 한다. 그러나 동 시설의 주임은, 그런 지도가 고정적 남녀 역할을 강요하는 것으로 비쳐 아이들에 따라서는 거북하게 느낄 수 있음을 인정하면서도, 일부러 직원들의 그런 지도를 묵인할 때도 있다고 한다. 시설에 조치된 아이들은 그 전에는 가까운 어른으로부터 이래라저래라 하는 염려의 말을 들을 기회가 거의 없어 "타인의 눈에 어떻게 비치고 있는지"에 둔하고 자존감도 매우 낮은 상태인 경우가 많다. 그런 아이들에게 타인의 눈을 의식하면서도 자긍심과 자존감을 가질 수 있는 상태로 '소프트랜딩^{연착륙}'시키기 위해서는 '자연스러운 것'으로 공유되기 쉬운 '남자다움'과 '여자다움'을 이용하는 것이 때로는 효과적일 수도 있다고 생각하기 때문이라는 것이다.

지넨 아유무^{知念渉}도 비행을 저지르거나 가정문제를 가진 소년들의 자립갱생을 위한 입소형 민간시설의 현장조사를 통해, 그들이 지향하는 남성성을 그들을 돕는 데 활용하고 있는 예를 보고하고 있다.[47] 이 시설 역시 일상생활공간이 남녀별로 분리되어 있는데, 남자아이들의 리터러시 향상의 일환으로 그들이 좋아하는 오토바이 면허시험 공부를 권하거나, 그들을 비행 집단으로부터 떼놓을 요량으로 상하관계를 중시하는 남자 특유의 관계성을 활용하기도 한다. 즉, 이사장 자신이 '형님'이나 '아버지'로 행동하면서 소년들로부터 비행 집단의 '선배들'을 '웃도는' 신뢰를 얻어내고, 이를 통해 그들을 바람직한 방향으로 이끌어가는 실천을 하고 있는 것이다. 반면, 동 시설에서 근무하는 여성 지원자護援者들은 여자를 돕는 데는 그런 방법을 쓰지 않고, 써도 효과를 기대할 수 없다는 인식을 보였다.

이런 실천은, 남자를 '남자다움'이나 '남성 역할'로 향하게 한다는 점에서는 고전적인 '목적으로서의 특성론'과 공통된다고 할 수도 있다. 그러나 이들 실천의 주안은 '남자다움'과 '남성 역할'로의 사회화를 촉진하는 것 자체에 있는 것이 아니라, 학교나 시설을 떠난 후 필요 최저한의 생활을 할 수 있도록 기존 사회에 대한 적응을 촉진하는 데 있다. '남자다움'과 '남성 역할'로의 사회화는 그러한 사회적 포섭을 위한 지원의 한 수단으로서 의도적으로 이용하고 있을 뿐이다. 더욱이 '목적으로서의 특성론'이든 '방법으로서의 특성론'이든 성별 특성을 강조하는 종래의 교육론에서는, 비록 특성의 차이가 어디까지나 평균적 차이임을 언급하긴 하지만, 동성 내 유형의 다양성에 대해 언급하는 경우는 거의 없었다. 그에 반해 이들 실천에서는 같은 남자더라도 각자의 처지와 유형이 다양하다는 것을 의식한 바탕 위에서, 그중 사회적 약자층에 위치한 남자들에게 효과적인 지원 방법으로서 앞에서 말한 방법을 사용하고 있는 것이다.

물론 젠더에 민감한 관점을 가진 독자라면 이 실천들이 기존 젠더질서의 재생산에 가담하는 것이라고 비판하기 쉬울 것이다. 그러나 이 같은 지원과 지도 방법은 시간과 도움의 손길과 기타 교육·지도를 위한 자원이 압도적으로 부족한 상황에서 어떻게든 아이들을 사회적인 포섭과 자립으로 이끌도록 돕기 위한 최후의 방법으로 찾아낸 현장지現場知이기도 하다. A교의 실천을 상세히 검토한 쓰치다 요코土田陽子가 지적하고 있듯이, "현장의 교사들은 여전히 기존 젠더질서에 의해 구조화되어 있는 사회에 유예猶豫의 여지 없이 학생들을 내보내야 하는 현실에서 살아가고 있"는 것이다.[48] 그렇다면 기존 젠더질서의 재생산에 가담하고 있다는 이유만으로 이런 실천들을 비판하는 것은 신중하지 않으면 안 된다. 오히려 이들 사례는 젠더에 민감한 입장의 교육 연구·실천에 대해 "피지원자들을 사회에 적응시키고 기존의 젠더질서를 더 나은 방향으로 이끄는 방법"[49]을 어떻게 찾아낼 것인가 하는 어려운 과제를 제기하고 있다고 할 수 있을 것이다.

7. 새로운 별학론과 특성론이 던지는 것

이 장에서는 별학·공학 개념의 의미 확대를 검토하면서, 공학 환경에서의 성별 사회화에 관한 논의와, 다양하게 변주되는 별학론·특성론의 논의 구성을 확인했다. 이런 작업들을 통해 현재의 별학론·특성론이 젠더-교육에 관한 연구 및 실천에 대해 제기하고 있는 과제가 몇 가지 도출되었다고 생각한다. 그것들을 살피는 것으로 이 장을 마무리하고자 한다.

첫째, '성차'라는 현상을 어떻게 대할 것인가 하는 과제다. 이미 보았듯이 최근의 별학론에는 생물학적 성차를 근거로 남녀에게 다른 교육방법을 쓸 것을 주장하는 내용이 보인다. 물론 그 근거로 제시하는 뇌과학 등의 지식내용이 어느 만큼 실제 행동에 반영되고 있는지는 아직 해명되지 않은 부분이 많다.[50] 또한 선천적인 것이든 후천적으로 학습된 것이든, 그 성차들은 어디까지나 '평균의 차'이며, 평균 차를 고려한 교육방법이 남녀별 전형에서 벗어난 아이들의 성취에 역효과를 불러올 가능성도 생각할 수 있다. 그러나 현재 남녀집단 간 교육 성취의 평균적 차이를 남녀평등의 지표로 이용하고 있는 현실을 감안한다면, 어느 시점時點에서 남녀 간 지향·행동·능력의 평균적 차이를 고려하여 교육방법을 달리하고 이를 통해 남녀의 성취를 평준화하려고 하는 논의가 전혀 합리성을 갖추지 못했다고 단정할 수는 없을

것이다. 앞으로 자연과학 분야를 포함해 성차에 관한 증거^{evidence}
가 속속 제출될 가능성을 고려하면, '젠더와 교육' 연구는 신체
의 해부학적 성차만을 상정하는 소박한 입장을 넘어서서 '성차'
에 대한 접근방법을 재수립할 필요가 있을 것이다.

둘째, 교육에서의 선택의 자유를 어떻게 생각할 것인가 하
는 과제다. 이 점과 관련하여 여학교 존속론 중에 주목되는 부
분이 있다. 즉, "여자교육 주장은 공학을 부정하는 것이 아니라,
아이들의 개성과 성격에 맞는 교육을 보장하기 위해 별학(여학교)
이라는 선택지의 준비가 꼭 필요하며, 이 점에서 사립은 중요한
역할을 한다."는 논점이다.[51] 신자유주의적 정책하에 교육의 시
장화가 진행되는 가운데, 선택의 자유에 근거를 둔 별학론은 비
록 별학의 효과에 관한 증거를 수반하지 않더라도 일정한 설득
력을 갖는다. 또한 이미 보았듯이, 남학교든 여학교든 그곳을 '피
난 장소'로 필요로 하는 남자와 여자가 적어도 일부는 존재한다.
그럴진대 사립학교와 민간의 지원을 포함해 모든 교육의 장을 공
학화해야 한다고 단정할 만한 논거와 증거를 공학론은 가지고 있
는가 하고 물으면, 현 단계에서는 아니라고 말할 수밖에 없을 것
이다.

그래서 셋째, 별학론/공학론을 보다 생산적인 것으로 하기
위해서는 별학/공학의 교육효과에 관한 실증연구의 축적이 요망
된다. 물론 남녀별 학급을 설치한 결과 남녀 모두 공학 학급보
다 별학 학급에서 성적이 향상되었다는 해외 사례가 몇 가지 보
고되고 있지만,[52] 별학 효과에 관한 영어권의 연구 리뷰는 어느

것이나 별학의 효과가 결정적이라고는 할 수 없다고 결론짓고 있다.[53] 별학의 교육효과 근거로서 별학교의 상대적으로 높은 진학 실적을 예로 드는 경우가 많지만, 본래 명성이 높았던 구제舊制 중학교와 구제 여자고등학교가 전후戰後 그대로 별학교로 이어져 학력 높은 학생들이 모여들었던 케이스나, 높은 진학률 덕분에 별학을 유지해도 수험생을 확보할 수 있는 조건하에서 굳이 공학으로 바꿀 필요가 없었던 케이스도 있을 것이므로, 별학/공학 이외의 조건을 배제한 상태에서 그 효과를 검증할 필요가 있다.* 그러나 해외의 많은 연구를 포함해 별학의 효과를 확인했다는 연구에서도 그 '별학의 효과'가 남녀의 공간적 분리의 효과인지 아니면 남녀를 분리함으로써 생긴 교육방법 차이의 효과인지, 만일 후자라면 어떤 방법의 차이가 효과를 가져온 것인지 등에 대해서는 충분히 밝혀지지 않았고, '교육효과'의 지표로 다른 것을 이용하면 결론도 달라질 수 있다.

따라서 별학·공학을 둘러싼 논의는 결국 "무엇을 위한 별학·공학인가" 하는 기본적 물음으로 항상 되돌아갈 것이 요구된다. 2절에서 썼듯이, 별학/공학론은 성과 성별에 관한 윤리관, 그리고 남녀별 각기 다른 교육효과를 기대하는지 아닌지, 어떤 교육효과를 기대하고서 교육의 목표, 내용, 방법을 남녀별로 달리하는지 아닌지 등 여러 가지 문제에 대한 관심이 교육공간의

---

* 일본에서는 몇 안 되는 이런 종류의 연구로서, 마스부치 노리토시(増渕則敏)는 사이타마(埼玉)·군마(群馬)·도치기(栃木) 3개 현에서 추출한 현립고교 보통과의 조사 데이터를 이용하여 회귀분석을 하고, 입학 편차치가 같은 수준이면 전체적으로 공학교보다 별학교의 국공립대학 현역 합격률이 높은 경향이 있음을 밝히고 있다.

남녀 분리/공유라는 측면에 집약되어 논의될 수 있다. 종래의 별학·공학을 둘러싼 논의가 평행선을 달리기 쉬웠던 것은 그 효과에 관한 증거가 부족했기 때문만이 아니라, 각각의 논의가 조준하는 차원이 제각각이었던 데서도 기인한 것이 아닐까. 별학·공학론을 성과 없는 입씨름으로 끝나게 하지 말고 결실 있는 것으로 하기 위해서도 별학·공학에 관한 다양한 차원의 사상事象을 분절화한 뒤에 논자들끼리 그것들이 어떤 차원을 조준하고 있는지를 자각하면서 논의해가는 것이 중요하다.

제7장

남자 연구의
방법론적 전개
—'젠더와 교육' 연구의 발전 가능성—

근대사회를 가리켜 흔히 능력에 따라 지위와 수입이 결정되는 능력주의 사회라고 말한다. 그렇다면 이제껏 여성의 사회적 지위와 수입이 남성보다 낮았던 이유는 무엇일까? 여성의 능력이 뒤떨어졌기 때문일까, 아니면 그 능력주의란 것이 표면상의 원칙에 불과했기 때문일까? 최근 산업구조의 변화와 맞물려 업무상 요구되는 '능력'에 변화가 생긴 것을 주목하면서, 여전히 남성우위인 노동시장의 재편 과정과 그 배경을 살펴본다.

1. 교육 연구에서의 남자의 과소 표시

근래 구미의 교육 연구에서는 학령기 남자에 초점을 맞춘 연구가 활발해지고 있다. 특히 영어권에서는 이미 1980년대 후반부터 학교에서 남자 특유의 성차별적이고 권력 지향적인 문화가 형성되는 과정을 밝히는 에스노그래픽ethnographic, 민족지적 연구가 이루어지고 있다.[1] '젠더와 교육'에 관한 국제학술지 *Gender and Education*에서는 1997년에 "교육에서의 남성성 Masculinities in Education"이라는 특집이 짜인 이후로 남성성에 관한 논문이 게재될 기회가 늘어나고, 근년에는 "'남성성'이 타이틀로 들어간 논문을 볼 수 없는 호號가 없을 정도가 되었다"[2]는 말까지 나오게 되었다. 나아가 2000년대가 되자 학교에서의 남성성 연구에 관한 논문을 모은 서적[3]이 간행되거나 '낙오한 남자아이falling boys'의 문제를 다룬 연구서가 잇달아 간행되는[4] 등, 이미 학령기 남자에 관한 연구는 '젠더와 교육' 연구의 주요 테마 중 하나가 되고 있다.

그에 비해 일본의 교육 연구에서 학령기 남자에 초점을 맞춘 연구는 이 책에서 언급한 일부 연구를 제외하고 아직 극소수밖에 없다. 이는 일본의 '젠더와 교육' 연구를 견인해온 학회의 하나인 일본교육사회학회의 동향에서도 분명하게 엿볼 수 있다. 예를 들면 동 학회의 학술지 『교육사회연구』에 1996년 이후 게재된 젠더 관련 논문 37건의 내역을 보면, 성차 및 양성의 관계성을 중심으로 다룬 것이 14건(37.8%), 여성에 초점을 맞춘 것이 22건(60.0%)인 데 비해 명확히 남성에 초점을 맞춘 논문은 1건(2.7%)뿐이다. 또한 1996년 이후 학회연차대회의 연구 발표 건수를 보아도 성차 및 양성의 관계성을 중심으로 다룬 것이 99건(41.6%), '여성'을 중심으로 다룬 것이 110건(46.2%)이지만 '남성'에 초점을 맞춘 것은 29건(12.2%)으로, 압도적으로 '여성' 비율이 높다. 더구나 '남성'에 초점을 맞춘 대회 발표 중 절반 가까운 13건은 '아버지' 연구다.[5]

'젠더' 개념이 일본의 교육사회학에 도입된 지 얼마 안 된 1990년경부터 이미 '젠더'는 남녀의 관계성 속에서 나오는 것이므로 '젠더와 교육' 연구는 '여성학'과는 달리 양성을 대상으로 해야 하며, 그런 의미에서 '남성학'에 대한 관점을 포함해야 한다는 의견이 제시되고 있었다.[6] 또한 그 후에도 교육에서 남자에 대한 주목의 필요성이 논의되어왔다.[7] 그러나 서양에서 남자 연구가 활발히 이뤄지고 있는 것과는 대조적으로 일본의 '젠더와 교육' 연구에서는 '남자'에 초점을 맞춘 연구가 아직 소수밖에 보이지 않는다.

그 가장 큰 이유의 하나로, 서양과 일본에서는 연구자의 관심 이전에 학령기 남자에 대한 사회적 관심의 정도부터가 크게 다른 것을 들 수 있을 것이다. 제1장에서 보았듯이, 구미에서는 1990년대 중반 이후 '젠더와 교육'의 문제 하면 '여자문제'보다 오히려 '남자문제'로 간주될 만큼 학령기 남자에 대한 관심이 높아지고 있었다. 남자의 학업부진, 조포粗暴한 행동, 학교생활과 사회생활에 대한 부적응과 같은 문제는 미디어와 사회정책, 교육관계자의 관심 표적이 되고,[8] 호주처럼 남자에게 특화한 보상교육을 시행하거나, 독일처럼 남자에게 특화한 원조활동[9]을 행하는 나라도 있다.

그러나 남자의 학업부진·폭력성·학교생활과 사회생활의 부적응 경향은 반드시 서양에 한하는 것이 아니며, 일본에서도 일부에서 지적되어온 것이다. 예컨대 4년마다 실시되고 있는 국제적 학력조사인 PISA의 과거 5회 일본의 결과를 보면 '수학'에서 2회, '과학'에서 1회만 여자에 비해 남자의 평균점수가 유의미하게 높았던 것 외에 남녀 간 유의미한 차가 보이지 않았지만, '독해'에서는 5회 전체에서 남자보다 여자의 평균점수가 유의미하게 높았다.[10] 또한 고교생의 경우 대부분의 과목에서 교과에 임하는 의욕과 그 평정評定 평균치의 둘 다에서 여자에 비해 남자가 낮은 경향[11]이 있는 것, 중학생의 경우 학교생활의 다양한 측면에서 남자가 여자에 비해 적극성이 없는 경향[12]이 지적되었다. 또한 소년감별소 입소자와 소년원 입원자[13], 부등교와 은둔형외톨이[14], 미성년 자살자[15] 등 반사회적 행동과 사회적 부적응을 일으키는 자의 비율은 여자에 비해 남자가 압도적으로 높은 경향도 지적되었다.(제1장 참조)

그렇다면 서양에 비해 일본에서 남자 연구가 적은 것은 반드시 양자의 실태 차이 때문이 아니라 아마도 사회의 구성원들이 '남자를 보려고 하는 관점'의 차이 때문이 아닐까 생각하는 것도 가능하겠다. 즉, 일본의 '젠더와 교육' 연구에 대해 말하면,

적어도 부분적으로는 그것들이 의거해온 구조가 남자의 문제들로 파악하기 어렵게 되어온 듯하다. 그렇다면 서양 남자 연구의 구조와 관점을 참고함으로써 일본에서도 남자 연구의 가능성이 열릴 수 있다.

물론 젠더 연구에서 남자에 초점을 맞출 때는 충분한 주의가 필요하다. 남자를 표준으로 간주한 채 남자를 중심으로 논하는 것은 여성학·페미니즘의 관점이 도입되기 이전의 교육 연구와 아무 다를 바가 없어지고 만다.[16] 또한 남녀 간 지배관계에 관한 현상을 냉정히 분석하지 않고 남성들이 다양한 '비용'을 대가로 그 나름의 '이익'을 얻고 있는 측면, 예를 들면 "남자는 약한 모습을 보여서는 안 된다"는 남자다움의 비용을 감내함으로써 여성을 지배적인 태도로 대하는 것이 정당화되고 있는 경우 등에 주목하지 않고 '비용'에만 초점을 맞춰 '남자/남성의 불리'를 과잉하게 내세우면 그것은 여성의 지위 향상에 대한 단순한 정치적 반동백러시밖에 되지 않으며, 그다지 생산적인 논의로는 발전할 것 같지 않다.(제2장 참조)

그러나 페미니즘의 지적 전통에 기반하여 적절한 시각과 방법으로 남자 현상의 다양한 측면을 구체적으로 파악해간다면 그것은 젠더현상의 보다 깊은 이해와 여자·여성 문제의 해결, 나아가서는 교육문제의 이해와 해결로 연결될 것이다.

이 장에서는 일본의 교육사회학을 중심으로 하는 '젠더와 교육' 연구의 방법론적 전개를 추적하면서, 그 주요한 연구 틀이 '남자'를 어떻게 파악해왔는지를 검증하고, 앞으로 일본의 '남자

연구'를 전개하는 데 유효한 이론적 구조의 제시를 시도한다. 먼저, 다음 절에서는 남자를 문제화하는 3가지 시점을 조정措定한다. 이어서, '젠더와 교육' 연구의 동향을 그 방법론적 틀의 관점에서 4가지 조류로 정리하고 각각의 방법론적 조류가 남자문제의 3가지 측면 중 어떤 측면을 다루고 어떤 측면을 다루지 않았는가, 또한 그 이유는 어디에 있는가를 고찰한다. 마지막으로, 이것들에 바탕하여 앞으로 남자 연구의 진전을 위해 더 요구되는 시점과 이론적인 틀을 제기한다.

2. 남자를 문제화하는 관점들

미디어 보도든 학술 연구든, '남자'를 특히 거론하는 대부분의 경우에는 남자에게 뭔가 '문제'가 있음을 상정하고 있다. 그러한 '문제'는 케이스에 따라 여러 가지가 있지만, 그것들을 몇 개의 유형으로 단순화해서 파악하는 것은 가능하다.

이 책의 제1장에서는 구미에서 남자를 문제화하는 언설을 2가지 유형으로 파악할 수 있음을 보였다. 하나는 여자와 비교했을 경우의 남자의 상대적 학업부진과 학교·사회생활에 대한 부적응과 같은 측면을 남자의 불리를 나타내는 것 또는 남자의 불리한 입장 때문에 생기고 있는 것이라 간주하여 남자를 '피해자victim' 나아가서는 '지원받아야 할 대상'으로 파악하는 관점이다. 또 하나는 앞의 문제 측면에 더하여 남자의 조포한 행동과 같은 문제의 책임을 남자 개인에게서 찾고 그러한 남자를 배제해도 어쩔 수 없는, 말하자면 '골칫덩이problem'로 파악하는 것이다.

이를 바탕으로, 이 장에서는 종래의 '젠더와 교육' 연구가 남자를 둘러싼 상황의 어떤 측면을 '문제'로 묘출描出하고 어떤 측면을 빠뜨렸는가를 검토하기 위해 다음 3가지 핵심 개념을 조정한다.

먼저, 남자의 '피해자성性'이다. 이는 구미의 남자문제 언설 중 '피해자'로서의 남자에 대응하는 것으로, 특정한 젠더관계에 포함됨으로 인해 일정 범주의 남자가 억압·불리·곤란을 경험하는 측면을 가리킨다.

다음으로, 남자의 '가해자성'이다. 이는 구미의 남자문제 언설 중 '골칫덩이'로서의 남자에 대응하는 것으로, 특정한 젠더관계하에서 일정 범주의 남자의 존재양태가 여자(및 다른 남자)에게 억압·불리·곤란을 발생시키는 측면을 가리킨다.

이것들에 더하여 또 하나, 남자의 '수익자성'이라는 개념을 조정하고자 한다. 이는 여성학이나 페미니즘 관점의 젠더 연구에서 암묵리에 상정하는 경우가 많은 남성상에 대응하는 것으로, 특정한 젠더관계하에서 일정 범주의 남자가 여자(및 다른 남자)의 억압·불리·곤란을 대가로 현재 또는 장래에 이익을 얻는 측면이다.

그러면 이하에서 각각의 방법론적 조류가 남자문제의 3가지 측면 중 어떤 측면을 다루고 어떤 측면을 다루지 않았는지, 또한 그 이유는 어디에 있는지를 고찰하기로 한다.

3. '젠더와 교육' 연구에서 남자의 '불가시화'

먼저, '젠더와 교육' 연구의 여러 방법론적 조류 중 옛날부터 주요한 위치를 점해온 '여성의 교육—직업 성취' 연구와 '성 역할의 사회화' 연구라는 2가지 조류를 다루기로 하자. 이 2가지 접근은 둘 다 남자의 문제에는 대부분 주목을 하지 않았다. 그 이유를 그것들의 구조가 갖는 인식론적 특징의 관점에서 찾아보자.

여성의 교육-직업 성취

『교육사회학연구』 지에는 지금까지 '젠더와 교육' 연구의 동향에 관한 4가지 리뷰 논문[17]이 게재되었는데, 이 논문들은 모두가 '젠더와 교육' 연구—젠더 개념이 도입되기 이전의 소위 '여성과 교육' 연구의 시대부터 나중의 '젠더와 교육' 연구의 시대에 이르기까지—의 주류 구조로 '여성의 교육—직업 성취'라는 일련의 연구군[群]을 지목했다.

　　이런 유형의 연구들은 주된 실천적 관심을 여성의 지위 향상에 둔다. 그 지향점은, 다소의 차이는 있지만, 여성의 직업 성취를 촉진하고 남녀의 사회적 지위 격차를 해소하는 것이다. 따라서 그들 연구는 여성 직업 성취의 주요한 규정 요인이 되는 교육 성취의 실태와, 직업 성취와 교육 성취의 상호관계, 나아가 교육 성취의 규정 요인 등을 밝히는 데 주력을 기울여왔다.

1990년대 후반 이후, 학교교육에서 노동시장으로의 이행을 조사한 결과, 여성에게는 남성만큼 실적 원리가 작동되고 있지 않음이 밝혀졌다. 그에 따라 학교교육제도 내부에서 이루어지는 여자 특유의 진로 형성과정에 관심이 경주되고,[18] 여자는 학력 수준과 별개로 성 역할관에 기초하여 진로 분화가 생기고 있음[19]도 밝혀졌다. 이렇듯 이 연구 조류는 전국 데이터의 충실화, 계량분석수법의 고도화, 여성 내 분화를 파악하는 구조의 세련화 등을 동반하면서, 여성의 교육 성취와 직업 성취에 관한 최근의 실태 변화에 대해 유익한 지식내용을 속속 생산해내고 있다.

하지만 그 한편으로, '여성의 교육–직업 성취' 연구는 그 명칭이 말해주듯이, 지금까지 남자문제에 초점을 맞춘 적이 없었다. 그것은 이 유형의 연구에 특유한 인식론적 특성에 의한 바가 크다.

먼저, 이 유형의 연구는 실적주의적 가치를 체현하고 있는 남성을 암암리에 '표준'으로 간주하고, 그 위에서 남성과의 비교 및 차이를 통해 여성 교육–직업 성취 과정의 특징을 묘출하는 인식론적 특성을 갖고 있다.[20] 남성은 암암리에 실적주의적 경쟁에서 여성의 희생을 통해 이익을 얻는 '수익자'로 상정되고 있다. 이 점에서 남자의 '피해자성'은 거의 상정될 수가 없다.

또한 이 접근법은, 여성에게 불이익을 초래하거나 여성의 교육–직업 성취에 실적보다 속성이 효과를 미치는 구조적 요인은 탐구探究하지만, 그러한 구조의 생성 과정에 개개의 주체가 어떻게 관여하고 있는지는 추구追究하지 않는다. 때문에 그 구조하에 서 비록 남자가 '수익자'에 위치되었다고 해도 그들이 그 구조의 생성에 가담한다는 의미에서의 '가해자성'은 묻지 않는다.

즉, 이 접근법은 남성을 여성의 단순 비교 대조 대상으로 다루기 때문에 남성 그 자체를 문제화하는 관점은 희박해질 수밖에 없다.

성 역할의 사회화

'여성의 교육—직업 성취' 연구는 지위 성취와 진로 분화와 같은 여성집단의 외적 기회 구조에 초점을 맞추는 접근법이지만, '젠더와 교육' 연구 중에는 전통적으로 개인의 내적 변화를 수반하는 인간 형성에 초점을 맞춘 것들도 많다. 교육 연구에 '젠더' 개념이 도입되기 훨씬 이전부터 1990년대 후반경까지, 이 후자의 흐름에서 중심적인 위치를 점해온 것이 '성 역할의 사회화'라는 틀이다.

'성 역할의 사회화' 발상은 구조기능주의의 인류학 및 사회학에서 전개되었던 역할 이론을 성 현상에 적용한 '성 역할sex roles 또는 gender roles'의 콘셉트와 교육사회학의 전통적 기본 개념인 '사회화socialization'의 콘셉트가 결합된 것이다. 하지만 남자문제의 가시화可視化라는 관점에서 보면 '성 역할'과 '성 역할의 사회화' 사이에는 무시할 수 없는 큰 차이가 있다.

'성 역할의 사회화' 연구가 남자를 문제로 하는 경우가 거의 없었던 데 비해, '성 역할' 논의는 예로부터 남성이 안고 있는 문제를 제기할 때 원용되었다. '성 역할'이라는 콘셉트는 단순화시켜 말하면, 현상적으로 남녀가 다른 방식으로 행동하는 경향을, 남녀가 어떤 각본에 따라 다른 역할을 연출한다는 아날로지[analogy: 유주]로 설명하는 것이다. 여기서는 여성이든 남성이든 각각 타자가 기대하는 여성 역할 내지 남성 역할대로 행동할 것을 요구받는다고 상정한다. 그러나 '성 역할'이 선천적인 생물학적 행동이라기보다 타자의 기대에 응하고자 하는 사회적 행동이라는 역할이론의 가정에 충실하고자 한다면, 당연히 타자의 역할기대와 그 기대를 향한 자신과의 사이에 갭이 생길 여지를 상정할 수밖에 없다. 따라서 '성 역할'이라는 콘셉트하에서는 여성뿐 아니라 남성도 타자 및 사회로부터의 '성 역할' 기대를 본의 아니게 강요당하고 그에 따른 억압이나 곤란과 같은 '피해자성'을 문제화할수가 있다.

실제로 1970년대 미국 남성해방운동의 메인 패러다임은 이 '성 역할' 이론이었다.[21] "'남자다움'으로부터 '자신다움'으로"를 슬로건으로 하여, 1990년대 후반에 일본 각지에서 일정한 확산을 보인 '멘즈 리브[Men's liberation]' 운동[22]도 이 흐름에 위치한다고 할 수 있을 것이다.

그러나 '성 역할의 사회화'가 되면 이야기가 달라진다. '성 역할의 사회화'에는 몇 가지 아류 유형이 있으므로 먼저 그것들의 개략을 확인한 뒤 그것들이 갖는 인식론적 구조가 남자의 문제를 가시화하기 어려운 이유를 고찰하기로 한다.

가장 초기에 '성 역할의 사회화' 이론을 전개한 것은 사회학자 T. 파슨스Talcott Parsons였다.[23] 그는 출산·육아와 관련된 생물학적 기능이 남성에게 없는 것, 핵가족화한 가족이 직업체계와 명확히 구별되어 사회 속에서 고립한 것을 지적하면서, 이로 인해 가족 외부와의 관계에 대응하는 '도구적 역할'이 남성에게 부여되고 가족 내부의 조정을 담당하는 '표출적 역할'이 여성에게 부여되는 기능 분화를 가져왔다고 생각했다. 나아가 그는 프로이트 정신분석이론에 의거하여 남아와 여아는 동성 부모와의 동일시를 통해 각각의 역할을 획득한다고 설명했다. 이 파슨스 이론에서 '성 역할'의 획득은 사회시스템의 유지와 개인의 사회 적응이라는 두 가지 면에서 '기능적' 의미를 가지므로 일종의 '바람직한 것'으로 파악되었다. '성 역할의 학습'이라는 이름 아래 동시대에 전개된 일련의 심리학적 연구에서도 마찬가지 경향이 보였다.

그러나 1980년대가 되자 사회학의 '성 역할의 사회화' 연구에서 그 강조점과 지향성에 변화가 나타났다. 먼저, 파슨스와 일련의 심리학적 연구처럼 개인 내면에서의 성 역할 획득 프로세스보다는, 아이들에게 남녀별 다른 성 역할 기대를 전달하는 가족·학교·또래집단·매스미디어 등 '사회화 에이전트'의 존재양태에 초점이 맞춰지게 되었다.[24] 또한 1960년대 미국에서 시작된 제2파 페미니즘과 그로부터 전개된 여성학의 영향으로, '성 역할의 사회화' 과정은 여성의 교육 성취와 직업 성취를 저해하고 성인기에 남성에 대한 여성의 종속을 초래하는 작용을 한다고 하여 부정적으로 파악되었다.

그렇다면 이 같은 인식론적 특징을 갖는 '성 역할의 사회화'에서는 왜 남자의 문제가 뒤로 밀리는 것일까? 먼저, 파슨스처럼 '성 역할의 사회화'를 사회시스템의 유지와 개인의 사회 적응 수단으로 바라보는 기능주의적 지향하에서는 남자의 성 역할 행동이 '성취·성장'의 문맥으로 회수되고 만다. 그 때문에 남성 역할의 강요에 의한 남자의 '억압'과 같은 남자의 '피해자'적 측면은 간과되어버린다.

한편, 페미니즘·여성학 입장의 연구에서는 아이들이 사회화되어가는 사회는 대체로 여성의 종속으로 남성이 이익을 얻는 남성우위의 사회임을 상정하고 있다. 따라서 장래의 '수익자'로 상정되는 남자에게서 '피해자성'을 찾기가 어려워지고, 연구자의 관심은 저절로 장래의 '피해자'가 되어가는 여자의 사회화 과정을 어떻게 변용시킬지에 쏠리게 된다.

또한 사회화론은 아이들을 수동적으로 사회화되는 존재로 간주하기 때문에 설령 학교에서 진행되는 사회화에 무슨 문제가 있다고 해도 그 책임을 물어야 할 대상은 '사회화 에이전트'인 교사와 학교 커리큘럼이지, 수동적 학습자로 상정되는 남자(또는 여자)가 아니다. 나아가 사회화론은 '지금 여기'의 사건을 성인을 향한 준비 단계로 보는 미래 지향의 관점을 갖고 있기 때문에 설령 '지금 여기'에서 남자의 조포한 행위 등에 의해 여자(와 다른 남자)가 괴로움을 당한다 해도 그것이 그녀들(그들)의 장래에 불리한 상황으로 연결되지 않는 한 문제화하기 어렵다.[25] 그러므로 남자의 '가해자성'이 문제되는 경우는 별로 없다.

4. '젠더와 교육' 연구에서 남자의 '가시화'

1990년대가 되자 '젠더와 교육' 연구에서 '여성의 교육−직업 성취'나 '성 역할의 사회화'와는 다른 새로운 유형의 연구가 전개되어, 남자문제가 조금씩 가시화되었다. 여기서는 1990년대 이후 새로이 전개된 연구 양상의 2가지 조류를 다루면서, 그것들의 인식론적 특징과 그것들이 남자문제의 어떤 측면을 어떻게 가시화해왔는지를 보기로 한다.

학교 내 젠더질서 형성

남자문제의 가시화 가능성을 열었던 첫 번째 연구 조류는 학교 내 젠더질서의 구축 과정을 주로 상호작용 장면의 관찰을 통해 밝히고자 한 접근법이다. 여기서는 이 조류를 '학교 내 젠더질서 형성' 연구라 부르기로 하자.

이 종류의 연구수법은 이미 1990년을 전후하여 일본의 교육사회학에서 '해석적 접근법'이라는 이름 아래 유치원[26]과 초등학교[27]를 현장으로 한 실증연구에 적용되고 있었다. 그러나 당시는 앞 절에서 언급한 '성 역할의 사회화'론이 그러한 실증연구의 배후 가설로 영향력을 미치고 있었기 때문에, 그 연구들은 '사회화 에이전트'로서 교사의 행위와 해석에 초점을 맞춘 반면, 수동적으로 사회화되는 존재로 간주된 아이들의 해석에는 거의 초점을 맞추지 않았다.

그러나 1990년대 후반이 되자 학교의 젠더질서 형성에 주체적으로 관여하려고 하는 아동·학생들의 '유능한 행위자'적 측면에도 관심을 돌리게 되었다. 그리고 2000년대에는 이 조류의 연구들이 '페미니스트 포스트구조주의'[28] 의 아이디어를 이론적 틀로 원용함으로써, 인식론적 측면에서 성 역할의 사회화론으로부터 다음과 같은 전환을 도모하게 되었다. 첫째, 젠더를 "행위에 우선하여 존재하는 역할 구조"라기보다 "상호 행위를 통해 구축되는 질서"로 보는 '젠더관'의 전환. 둘째로, 아이들을 "젠더 형성의 객체"일 뿐 아니라 "젠더 구축의 주체"로도 보는 '아이들관'의 전환. 셋째, "미래를 향한 개인의 인간 형성"보다 "지금 이 자리의 질서 구축"에 관심을 기울이는 '교육 연구 패러다임'의 전환이다.

이러한 인식론적 전환을 통해 '학교 내 젠더질서 형성' 연구는 다음과 같은 방식으로 남자의 문제를 가시화할 수 있게 되었다. 첫째, 그 연구들은 학교 내 남성우위의 젠더질서가 교사의 젠더평등 실천을 무효화하거나 여자를 지배하려고 하는 남자 전략의 영향을 받아 구축되는 양태를 묘출해냄으로써, '지금 여기'에서 이뤄지고 있는 여자의 '피해자성'과 그 책임을 물을 남자의 '가해자성'을 가시화시키는 데 성공했다. 예컨대 공립중학교[29] 와 공립초등학교 고학년[30] 의 교실을 관찰·조사한 결과, 교사의 남녀별 대등한 처우가 남자의 저항으로 무효화되거나, 교사가 일부 남자에 의한 교실 공간 지배전략을 막으려고 통제전략을 편 것이 오히려 남자 중심의 교실 내 상호작용 패턴을 발생시켜, 결과적으로 여자의 발언과 의사표시 기회가 줄어들고 있음을 밝혀냈다.

둘째, '학교 내 젠더질서 형성' 연구는 학생 집단의 남자우위 질서가 남자의 일방적 주도로 형성되고 있다기보다 오히려 남녀 쌍방의 상호작용을 통해 공동 구축되고 있는 양태를 묘출해냄으로써, 남자우위의 질서 형성에서 말하자면 여자의 '공범성'을 묻는 것도 가능해졌다. 예를 들면 공식상 남녀의 대등한 활동을 명시한 중학교 유도부에서 공간적 성별 분리, 그리고 남성우위를 위협하지 않는 비공식적인 규칙이 남녀 쌍방 부원들에 의해 의도하지 않은 채로 형성되고, 그것이 당연한 것으로 의심 없이 받아들여지고 있는 양태[31]도 밝혀졌다. 또한 중학교 학급에서 학생들 간의 "남자와 여자 사이의 거리화"와 "남자우위의 상하관계로 행위를 설명"하는 '젠더코드'의 공유, 그에 기초한 행위 해석이 남녀 쌍방에서 이루어지고, 이를 통해 젠더를 축으로 한 또래집단의 분화와 질서의 형성·유지가 이루어지고 있음[32]도 밝혀졌다.

이렇듯, 포스트구조주의 관점을 채용한 '학교 내 젠더질서 형성' 연구는, 여자를 종속적인 입장으로 내몰고 자신들을 지배적 입장에 위치시키는 질서 형성에 주체적으로 관여하는 남자의 행동과 해석 과정을 묘출해냄으로써, 남자의 '가해자성' 측면을 조명할 수 있게 했다.

그러나 이 연구들 중 다수는 남자집단 내부의 다양성과 남녀 간 권력관계의 복잡함보다도 남자집단과 여자집단 사이의 일반적인 차이와 권력관계 패턴에 주목하는 경향이 있었다. 그 때문에 남자 내에서도 억압과 곤란을 경험하는 아이들이 있을 수 있다는 남자의 '피해자성'까지 조명하는 경우는 거의 없었다. 남자의 '피해자성'이 가시화되는 데는 남자집단 내의 '다양성과 불평등'[33]이라는 시점의 도입을 기다려야 했다.

남자집단 내의 다양성과 불평등

종래의 '젠더와 교육' 연구가 여자의 '피해자성'과 남자의 '가해자성'에 주목하면서 남자의 '피해자성'을 거의 들여다보지 못했던 이유의 하나는, 그 연구가 남녀의 차이에 너무 주목한 나머지 동성 내, 특히 남성집단 내부의 다양성을 보지 못하고 남성집단과 여성집단을 각각 고정된 틀로 파악하는 경향을 가지고 있었다는 점이 크게 작용했다.

여자에 대해서는 이미 1990년대 전반부터 동성 내의 다양성에 일정 정도 주의를 기울인 결과, 여자고등학교에서 여성성에 대한 의미 부여의 차이를 수반하는 복수의 학생 하위문화가 형성되고 있는 양상[34]과, 성 역할관에 기초한 진로 분화 메커니즘이 존재하는 것[35] 등이 밝혀졌다.

그러나 현재보다 훨씬 더 '젠더 연구'를 '여성 연구'와 동일시하는 풍조가 강했던 당시에는, 여자의 다양성과 그 다양성을 내

비치는 구조를 '젠더 서브컬처gender subculture', '젠더 트랙gender track'
이라 부르는 등 관심을 기울였지만, 마치 '젠더'와 무관한 것처럼
보이는 남자집단 내의 다양성, 특히 남자의 '피해자성'은 거의 들
여다보지 않았다.

종래의 연구가 남자의 '피해자성'에 거의 관심을 보이지 않
았던 주된 이유는 그 연구들이 R. 코넬이 말하는 '헤게모니적 남
성성', 즉 여성에 대한 남성의 우월을 정당화하는 문화적 이상형
남자의 존재양태[36]를 체현한 남자를 남자의 대표인 것처럼 보았
기 때문일 것이다. 그러나 모든 남자가 헤게모니적 남성성을 체현
할 수 있는 것은 아니다. 전체로 보면 어떤 아동·학생 집단에서
남자가 여자보다 지배적 위치를 점하는 경향이 있고 사회의 교육
기회 구조가 여자보다 남자에게 유리하게 작동하는 경향이 있다
고 해도, 그 내부의 남자의 다양성을 들여다보면 그런 집단 질서
와 기회 구조로부터 거의 이익을 얻지 못할 뿐 아니라 오히려 그
아래서 억압과 곤란을 겪고 있는 남자가 있음을 알게 된다.

필자는 '남성의 여성에 대한 우월', '남자는 일, 여자는 가정'
이라는 성별 분업, '이성애중심주의'와 같은 젠더규범이 지금 이
상으로 강고했던 1970년대 중반에 청년기 남성의 생활사生活史 인
터뷰를 했다. 그리고 지배적인 젠더규범에 따르고 싶어도 따르지
못하고, 그런 규범을 의문스럽게 생각하고, '성인 남자'로서 아이
덴티티 확립에 어려움을 겪고 있는 젊은이들의 사례를 통해, 남
성우위의 사회질서하에서도, 아니 오히려 그런 질서 때문에 억압
과 곤란에 직면하는 남성이 있음을 알렸다.[37]

나아가 2000년대 후반이 되자 학교 남자집단 내의 '다양성과 불평등'의 시점에서 실증연구가 전개되고, 그로부터 억압과 곤란을 안고 있는 남자의 양태가 부조浮彫되었다. 기무라 요코木村涼子 들은 사립학교 현장조사를 통해 아카데믹 트랙상의 위치에 조응하여 남자 내부에 젠더관과 자존감의 분화 경향이 나타나는 실태를, 그리고 공부도 스포츠도 자기주장도 잘 못하는 자존감 낮은 남자의 구체적인 양태를 밝히고, 이미 "남자우위와 여자열위의 단순한 구도"로 젠더질서를 파악할 수 없음을 지적했다.[38]

이렇듯 남성 내의 '다양성과 불평등' 시점을 채용함으로써 일본의 '젠더와 교육' 연구도 비로소, 남성우위의 젠더질서 아래서도 '남자'로서 평가되는 사회적 자원을 갖지 못한 남자는 억압과 곤란을 당할 수 있다는 남자의 '피해자성' 측면을 묘출하게 되었던 것이다.

이러한 연구 동향을 배경으로 하여, 최근에는 남자 간의 폭력,[39] 지방 비엘리트 남성의 직업인 아이덴티티의 형성,[40] 비행소년의 갱생 지원,[41] 학력과 학습의욕의 남녀차[42]와 같은 교육문제를 남성성의 시점에서 파고드는 실증적인 연구도 전개되었다.

5. 남자 연구의 더 많은 발전을 위해

이상의 검토를 통해, 종래 일본의 '젠더와 교육' 연구가 그 지배적인 인식론적 특성 때문에 남자 현실의 다양성을 파악하기 어려웠다는 것, 그러나 근년의 방법론적 전개를 통해 조금씩 남자 현실의 다양한 측면을 파악하기 시작했다는 것을 알게 되었다. 그러나 서양과 비교하면 일본 교육 연구에서의 남자 연구는 여전히 압도적으로 적다.

따라서 지금까지 얻은 지식내용과 구미의 남성 연구 접근법을 참고하면서, 앞으로 일본의 교육 연구가 남자 연구를 전개해가는 데 유효하다고 생각되는 3가지 관점 내지 이론구조를 제기하고자 한다.

'젠더문제'로서 남자의 교육문제 연구

하나는 종래의 젠더 관점에서는 그다지 다루지 않았던 교육문제 연구에 젠더의 관점을 도입하여, 남자가 직면하는 교육문제를 '젠더문제'로 다시 파악하는 것이다. 앞에서 성차에 지나치게 주목한 나머지 동성 내의 다양성을 등한시하는 문제를 거론했지만, 다른 한편으로 '가해자성'이든 '피해자성'이든 남자의 특징적 문제를 찾아내는 작업은 먼저 각종 교육문제의 성차에 주목하는 일부터 시작하는 것도 사실이다.

'학업부진' '이지메' '체벌' '부등교' '은둔형외톨이' '학교에서 직업으로의 이행' 등 모든 교육문제는 젠더중립에서 발생하는 것이 아니라 젠더화된 사회적 문맥에서 비롯된다. 따라서 그것들의 발생형태, 빈도, 원인에서 성차가 보이지 않는가 하는 점에 주목하는 것, 그리고 만일 성차가 확인되었다면 그런 성차가 생기는 배경을 더 깊이 탐구함으로써 교육문제 이해를 젠더 관점을 통해 더욱 심화시키는 것을 기대할 수 있다. 나아가 이지메든 학업부진이든 어떤 교육문제의 발생형태, 빈도, 원인에서 성차가 보인다고 하면, 그에 입각해 남녀에 다르게 대처하는 것이 문제해결에 주효할 수도 있다.

그런데 과거 일본의 교육문제 연구에서는 젠더의 관점이 희박했다. 더욱이 구미에 비해 남녀별 교육통계가 잘 정비되지 않았기 때문에 성차의 확인조차 불가능한 경우가 많았다. 따라서 성차 발생의 사회적 배경을 해명하고 젠더 격차의 해소와 젠더에 민감한 문제해결 방법을 도출하는 기초자료로서 우선은 남녀별 통계를 더 정비할 필요가 있을 것이다.

이때 '남자 연구'에 중요한 것은, 과거의 '여자교육' 전통에서 전형적으로 나타났던 것처럼, 결코 남자를 표준으로 놓고 여자의 특수성을 분별하는 입장에 빠지지 않는 것이다. 앞으로 요구되는 것은 여자를 비교 대상으로 하면서 남자 특유의 젠더화된 측면을 찾아내려는 자세다. '가해자'적 측면이든 '피해자'적 측면이든 남자의 문제를 젠더문제로 다시 파악하게 되면, 남자의 경험을 더욱 생생하게 묘출하는 동시에 그 문제들에 대해 젠더에 민감한 관점으로부터 해결책을 제시할 수 있는 가능성도 열릴 것이다.

남성성의 복수성과 문맥의존성

남자 연구를 방법론적으로 세련화하기 위한 2가지 방책은 '남자의 다양성'이라는 시점을 더욱 강화하여 남성성의 복수성과 그 문맥의존성을 고려한 바탕 위에서 남자를 바라보는 것이다. 영어권의 남성성 연구에서는 이미 1990년대부터 남성의 존재양태가 결코 한 가지가 아니라는 인식론적 입장을 뒷받침하기 위해 그 전까지 불가산명사였던 masculinity(남성성)를 masculinities라는 복수형으로 표기하는 것이 일반적이었다.

　남성성의 복수성이 발생하는 수준으로는 우선 다음 2가지를 조정措定할 수 있다. 하나는 젠더와 그 외의 사회적 속성 및 사회적 아이덴티티가 교차하는 거시적인 사회적 문맥이다. 여기서는 같은 '남자' 사이에서도 사회적 위신과 성공의 획득 기회가 계층과 인종·민족 등에 따라 크게 다를 수 있다. 나아가 그 사회적 속성과 아이덴티티에 따라 다른 유형의 이상적 남성상이 추구되기도 한다. 예를 들면 서양 사회의 경우 중산계급에서는 학업·직업 성취와 이성理性적인 점에 남자로서의 가치를 더 중요하게 두는 데 반해, 노동자계급에서는 권위에 대한 반항이나 신체적인 강인함에 남자로서의 가치를 더 비중 있게 두는 경향이 있다.[43]

남성성의 복수성이 일어나는 또 하나의 수준은 미시적인 상호작용 장면이다. 여기서 남자들은 이용 가능한 사회적 자원(즉 계층, 인종, 민족성 등에 관한 아이덴티티에 더하여 학업성적, 신체적 능력, 소비문화에 대한 친화성, 유머 등)의 과다에 따라 독자적으로 서열관계를 수반한 복수의 주체위치(남성성의 유형)를 형성하고, 서로를 각각의 위치에 세운다. 이때 이상적이고 권위 있는 남성상을 체현하기 위한 자원이 부족한 남자나 그러한 자원을 효과적으로 이용하는 데 능숙하지 않은 남자는 남자집단 내에서 종속적인 입장에 놓이게 될 뿐 아니라 이상화된 여성상을 체현하고 있는 여자보다 종속적인 입장에 놓이게 되는 경우도 드물지 않다.

　　이러한 관점에서 보면 다양한 남자의 경험을 더욱 현실감 있게 파악할 수 있다. 즉, 집단으로서의 여성의 희생에 의해 집단으로서의 남성이 이익을 얻는 남성우위의 사회체제하에서도 개개의 '남자'가 얻을 수 있는 이익·위신 또는 경험하는 억압의 정도는 남성집단 내에서도 다를 수 있고, 어떤 '여자'보다 어떤 '남자'가 더 많은 억압을 경험하고 더 적은 이익과 위신밖에 얻지 못하는 상황이 생길 수 있음을 논리적으로 모순 없이 설명할 수 있는 것이다.

젠더관계의 다원성과 다층성

한 걸음 더 나아가, 항상적인 남자 유리, 여자 불리와 같은 단순한 '이분법적 가부장제 패러다임'을 넘어서 더욱 정묘한 젠더 권력관계를 이해하기 위해 '젠더관계의 다원성과 다층성'이라는 관점을 제시하고자 한다.

　기표 signifier와 그것에 의해 지시되는 기의 signified와의 관계는 자의적인 것이며 더구나 양자의 관계는 고정되어 있지 않고 변화할 수 있다는 포스트구조주의의 패러다임[44]에 충실하면, '남자'보다 '여자'가 우위라는 젠더질서를 상정하는 것도 이론상으로는 가능하다. 또한 대중의 언설을 보면 '엄처시하嚴妻侍下'라는 옛말에서부터 요즘의 '앗시쿤アッシー君', '미쓰구쿤ミツグ君'*에 이르기까지 '여성우위'의 남녀관계를 말하는 사례도 다반사로 목격된다.

　그럼에도 종래의 젠더 연구는 그러한 사례에 대해 젠더와 권력의 관점에서 이론적으로 정당한 설명을 하려고 하지 않았다. 그 이유의 하나로, 종래의 젠더 연구는 암묵리에 사회생활의 모든 장면을 일관된 남성우위의 젠더질서에 의해 구성된 것처럼 상정하는 경향이 있었음을 들 수 있다. 예컨대 에하라 유미코江原由美子는 현대 일본 사회의 젠더질서를, 거시적 차원에서 미시적 차원까지 어떤 수준에서 잘라 보아도 '성별 분업'과 '이성애'의 원리에 기초한 '남성지배'라는 동일 구조가 발견되는 '프랙털fractal도형'으로 이론화하고 있다.[45]

　에하라의 이론을 현대 사회의 다양한 국면에서 나타나는 남녀의 최빈치最頻値적 측면에 주목하여 구축된 재생산론으로 이해한다면, 그것은 매우 치밀하고 뛰어난 이론임에 의심의 여지

---

*　앗시쿤, 미쓰구쿤: 여성이 자신을 좋아하는 남성들을 이용해 자신을 태우러 올 운전수가 필요할 경우에 한해 사귀거나 일방적으로 선물을 보내게 하는 남성을 가리킴.

가 없다. 그러나 필자는 현대 일본 사회의 젠더현상을 더욱 현실
감 있게 묘출하고자 한다면 사회의 젠더질서를 오히려 더욱 복
잡한 체계로 파악할 필요가 있다고 생각한다. 그럴 때 참고가 되
는 것이 코넬에 의한 '젠더질서gender order'의 정식화다. 사실 에하
라도 자신의 이론화에 코넬의 '젠더질서' 개념[46]을 이용하고 있지
만, 필자는 그 후 새로이 전개된 코넬의 논의도 참조하면서 에하
라와는 다른 관심으로부터 '젠더질서' 개념의 재정식화를 시도하
고자 한다.

코넬은 사회의 넓은 범위에서 이뤄지는 일반적인 젠더편성
의 패턴을 '젠더질서'라 부르고, 특정한 조직·제도에서 이뤄지는
젠더편성의 패턴을 '젠더체제gender regime'라 하여, 양자를 개념적
으로 구별하고 있다. 그리고 어떤 제도의 젠더체제는 변화할 수
있지만 젠더체제의 변화 시기와 속도는 제도에 따라 다를 수 있
음과, 모든 제도의 젠더체제는 일반적으로 젠더질서에 대응하고
있지만 그에 반하는 경우도 있다고 쓰고 있다.[47] 따라서 코넬이
젠더질서와 젠더체제를 굳이 다른 개념으로 내세운 것의 의의는
단지 사회의 다른 수준에서 이루어지는 젠더편성을 다른 이름으
로 구분해 부르는 것에 그치지 않고, 수준 간의 차이와 그에 수
반하는 양자의 역동적인 상호관계에 주목하게 했다는 점에 있다
고 봐야 할 것이다.

코넬의 젠더질서 및 그 관련 개념을 이처럼 이해하면, 사회
의 어느 부분을 잘라내서 봐도 똑같은 남성지배 구조가 보인다
고 상정한 '이분법적 가부장제 패러다임'을 넘어서서, 남성(그리고

여성)의 다양한 경험을 묘출하는 젠더질서의 이론적 틀을 다음과 같은 형태로 구상할 수 있을 것이다.

즉, 전체 사회의 젠더질서를, 다층으로 이루어진 하위체계 군群으로서의 모든 젠더체제(예: 다양한 유형의 가족, 다양한 유형의 학교, 다양한 유형의 직장 등)가 집적된 상위체계로 파악할 수 있다. 여기서는 상위체계와 특정한 하위체계 사이에 부정합이 있거나(예: 일반적으로 남성이 여성에 대해 지배적인 사회의 내부에 아내가 남편에 대해 지배적인 부부가 존재한다), 동일 수준의 하위체계들 사이에 일정한 부정합이 있는(예: 우리 집 부부는 남편이 아내에 대해 지배적이지만 이웃집 부부는 아주 대등한 관계다) 경우도 있다. 그럼에도 상위체계는 어떻게든 안정을 유지하고 있다(예: 일반적으로 남성이 여성에 대해 지배적인 체제가 지속되고 있다). 그러한 체계 간의 부정합은 장기적으로는 상위체계 변동의 원인이자 결과다. 이러한 이론적 전제를 둠으로써 예컨대 어떤 특정한 순간/남녀관계/집단/조직에서 여성우위의 젠더질서가 형성되면서도 전체 사회 수준에서는 비교적 완강한 남성우위의 젠더질서가 유지되고 있는 것을 이론적으로 모순 없이 설명할 수 있다.

앞에서 말한 2가지 관점에 더하여 사회의 젠더편성을 이러한 내적 모순을 안고 있는 동적動的인 체계로 봄으로써, 사회구조상의 역학力學을 무시하지 않고도, 미시적인 상호작용 장면이나 학교 내부에서 일어나는 남자(와 여자)의 젠더화된 다양한 경험을 더욱 현실감 있게 묘출할 가능성이 높아진다고 생각한다.

여성보다 남성에 초점을 맞춰 남성 특유의 문제를 강조하는

'남자 연구'는 자칫 한 걸음만 떨어지면, 여자가 직면하는 심각한 문제로부터 사람들의 눈을 떼어내어 마치 일반적으로 남자가 더 곤란을 겪고 있다는 듯한 오해를 줄 위험성을 항상 내포하고 있다. 하지만 그렇다고 해서 단지 남녀의 평균적인 차이와 여자문제에 주목하는 것만으로는 현대 사회의 복잡한 젠더현상을 더 현실감 있게 파악하는 데 자연히 한계가 있을 것이다. 오히려 적극적으로 남자의 현실을 자세히 들여다보면서 그를 통해 얻은 지식내용을 종래의 페미니즘·젠더 연구의 지적 유산과 결합시켜가는 것이 교육에서의 젠더문제에 대한 더 깊은 이해와 해결로 연결되지 않을까.

나가는 글

이 책은 2000년대 후반 이후 집필한 젠더와 교육에 관한 5편의 논문을 2010년대 중반의 사회 상황에도 통용되도록 대폭 가필 수정하고 새로 쓴 2편을 더한 것이다.(초출일람 참조)

이 책을 읽은 독자들은 알아챘겠지만, 젠더문제에 관한 나의 정치적 입장은 여성에 대한 남성우위와 고정적인 남녀 역할을 당연시하는 사회의 존재양태에 반대하는 입장, 즉 제4장의 용어로 말하면 '젠더 리버럴파'(이하 리버럴파)에 한없이 가깝다.

그러나 이 책을 집필하면서 나는 리버럴파의 견해를 무조건 좋게 보거나 다른 입장의 주장을 무조건 부정하지 않도록 신경을 썼다. 현재 일본 사회의 남녀 존재양태에 대한 다양한 입장의 견해와 주장을 아우르면서 각각의 타당성을 신중히 검토한 뒤, 우리 사회가 나아가야 할 방향성을 필자 나름대로 제시하려고 노력했다. 아니, 오히려 이 책에서는 리버럴파의 견해와 주장의 일부에서 보이는 나이브한 전제나 모순점, 예컨대 자유와 평등의 예정조화를 상정하는 것 등에 대해 비판적인 고찰을 가하고 있다. 그래서 리버럴파 독자 중에는 나에게 "당신은 대체 어느 편인가?"라고 묻고 싶은 사람이 있을지도 모르겠다.

내가 이 책을 이 같은 자세로 집필한 이유는 그러한 리버럴파의 나이브한 전제나 모순점에 대한 직감적인 위화감이 다른 입장이 리버럴파에 반발하는 이유의 일부가 아닐까 생각하기 때문이다. 그리고 나 자신을 포함한 리버럴파 논자들이 자신들 주장의 논리적 일관성과 경험적 타당성을 다시 정밀히 조사하고 이를 바탕으로 그 주장의 의의와 근거를 더 알기 쉽게 제시하는 노력을 함으로써 미력이나마 다른 입장의 사람들 사이에서 더 생산적인 논의를 위한 기초를 만드는 데 공헌할 수 있지 않을까 생각했기 때문이다. 그런 의미에서 이 책이 남녀의 존재양태에 관한 가치관 차이를 불문하고 폭넓은 독자에게 자신의 위치를 다시 자각하고 다른 입장을 가진 사람들과의 대화를 향해 한 걸음 내딛는 계기가 되었으면 하는 바람이다.

또 한 가지, 젠더 연구로서 이 책의 특징을 들자면 여성보다 오히려 남성에 초점을 맞춘 남성학 책이라는 점이다. 나는 지금까지 『남성의 젠더 형성男性のジェンダー形成』(東洋館出版社, 2001), 『남자다움의 사회학男らしさの社会学』(世界思想社, 2006), 『흔들리는 샐러리맨 생활揺らぐサラリーマン生活』(ミネルヴァ書房, 2011)이라는 3권의 남성학 저서 및 편저編著를 썼고, 이 책을 포함하면 정확히 5년마다 남성학 연구서를 한 권씩, 총 4권 출간한 셈이 된다.*

그사이 일본의 남성(그리고 여성)을 둘러싼 상황과 논의는 크게 변화했다. 내가 남성학에 뜻을 둔 1990년대 전반에는 젠더문제 하면 으레 여성문제로 보는 것이 상식이었다. 그로부터 20년 이상이 지나 이제는 '남성의 괴로움'이 공공연히 이야기되거나 '이

---

* 이 책의 초판이 일본에서 출간된 것은 2016년 5월이다. _옮긴이

쿠멘'(제3장 4절 각주 참조)이 회자되거나 정부의 정책문서에 '남성 중심형 노동관행'의 변혁이 들어가기도 하는 등 남성문제에 대한 사회의 관심이 서서히 높아지고 있다.

그러나 남성들이 안고 있는 문제들을 거시적인 사회경제적 변동과, 또 여성들이 안고 있는 문제와 연관시켜 체계적으로 이해하는 관점은 아직 사회에 널리 퍼져 있지 않다. 오히려 "젊은 남자가 야무지지 못하다."든가 "여자가 너무 세다."는 말처럼 특정한 '대역'에게 책임을 떠넘기는 것으로, 알 것은 다 알고 있다는 식으로 구는 반지성주의적 풍조마저 강화되고 있는 듯하다. 또한 이 책에서 언급한 것처럼 남성에 초점을 맞춘 연구가 조금씩 늘어나고는 있지만, 서양 국가들에 비해서는 그 축적이 턱없이 적고, 특히 이론적·방법론적 논의는 미성숙한 채로 있다고 보인다. 이 책이 남녀 모두 더 살기 좋은 사회의 구상을 향한 생산적 논의의 발판이 되어 일본 남성학·젠더 연구의 더 큰 발전에 일조가 된다면 큰 행운이겠다.

이 책의 간행은 가쿠분샤学問社 편집부의 오치아이 에리落合絵理 씨에게 큰 신세를 졌다. 출판 사정이 매우 좋지 않은 때 이 책을 간행해준 가쿠분샤와, 집필이 많이 늦어졌음에도 참을성 있게 기다리고 격려해준 오치아이 씨에게 마음으로부터 감사를 드린다.

다가 후토시

주

들어가는 말
1. 多賀 2006

제1장
1. 深澤 2007
2. 桶口 2004
3. Weaver-Hightower 2009
4. Weaver-Hightower 2009
5. Weiner et al. 1997
6. Mills et al. 2009
7. Mills et al. 2009
8. Weiner et al. 1997
9. 池谷 2009, 9쪽
10. 国立教育政策研究所 2015
11. USDE 2010
12. 池谷 2009, 184-185쪽
13. Weaver-Hightower 2009; Mills et al. 2009; 池谷 2009, 186쪽
14. SCET 2002
15. DEEWR 2010
16. DEEWR 2010; Mills et al. 2009
17. Mills et al. 2009
18. 金子·小林 2000
19. Mills et al. 2009
20. Mills et al. 2009
21. SCET 2002, pp. xv-xxiii
22. Connell, 1987
23. 小杉 2003, 3쪽
24. 小杉 편 2005, 6쪽
25. 太郎丸博 2006, 5쪽
26. 伊田 2008

27. 本田 외 2006

28. 田中 2009

29. 門倉 2008

30. 兵頭 2009

31. 三浦 2007

32. 国立教育政策研究所 2015

33. 鍋島 2003, 80-82쪽

34. ベネッセ教育総研 2003; 深谷 2003

35. 法務省法務総合研究所 편 2009, 25-26쪽

36. 町沢 2008

37. 內閣府 2015a, 19쪽

38. 內閣府 2015b, 83쪽

39. 內閣府 2007, 5쪽

40. 內閣府 2015b, 57쪽

41. 內閣府 2015b, 48쪽

42. Weiner et al. 1997; Martino & Meyenn, 2001; Mills et al. 2009

43. 林 1996; 西尾·八木 2005 등

44. Jones & Wallace 1992

45. 本田 2004

46. 本田·筒井 편 2009

47. 門倉 2008

48. 海妻 2005

49. 多賀 2006, 97-119쪽; 伊田 2008

50. 三浦 2007

51. 広田 1999; 伊藤 2007

52. 本田 외 2006

53. 佐藤 1984

54. Mills et al. 2009

55. Weaver-Hightower 2009; Mills et al. 2009

56. 部落解放·人権研究所 2005

57. 伊藤 1996

58. 土田 2008

제2장
1. 內閣府 2014, 37-38쪽.

2. WEF 2015

3. 內閣府, 2015b, 57쪽.

4. 內閣府, 2015b, 58쪽.

5. Weber 1922; 그람시 1981; 伊藤 2011

6. 그람시 1981

7. Connell 1995, p.77.

8. Connell 1995, p.77.

9. Roberson & Suzuki 2003; Hidaka 2010; 多賀 편 2011; Dasgupta 2013

10. Connell 1987

11. Connell 1995, pp.78-79.

12. Connell 1995, pp.79-80.

13. Burris, 1996, p.64.

14. Burris, 1996, p.76.

15. Messner 1997, pp.3-5.

16. Messner 1997, pp.5-6.

17. 江原 2012

18. 內閣府, 2015b, 60쪽.

19. 內閣府 2013

20. 厚生勞働省 2003

21. 上野 외 1991, 138쪽.

22. Messner 1997, pp.6-8.

23. 苅谷 2001

24. 連合 2013

25. 本田 2002

26. 厚生勞働省 2009, 8쪽.

27. 厚生省 1998, 33쪽.

28. 舩橋 2000

29. 金城·石田 2015

30. 內閣府 2015b

31. 內閣府 2010, 27쪽.

제3장

1. 山田 2004; 本田·筒井 2009

2. Young 1958

3. Connell, 1995, p.164.

4. Parsons & Bales 1956

5. 山根 2010, 159-165쪽.

6. Hochschild, 1983

7. 本田 2004

8. 天野 외 1980, 84-86쪽.

9. 天野 외 1980, 19쪽.

10. 竹內 1995; 小池 1999

11. 職業研究所 1977, 6-7쪽.

12. 多賀 2007, 14쪽.

13. 木本 2003; 首藤 2003

14. 天野 외 1980, 20-21쪽.

15. Hochschild 1983

16. 渋谷 2003, 33-40쪽.

17. 永濱 2012, 27-30쪽.

18. 永濱 2012, 5쪽.

19. Willis, 1977

20. McDowell 2003; Willis 2003; 尾川 2011

21. 篠原 2008, 109쪽.

22. 本田 2005, 21쪽.

23. 熊沢 2000, 49쪽.

24. 山田 2004, 103-110쪽; 本田·筒井 2009

25. 內閣府 2015b, 54, 57, 58쪽.

26. 佐藤 2001, 2쪽.

27. 熊沢 1997, 39-40쪽.

28. Burris 1996; Wajcman 1998

29. 海妻 2005; 多賀 2006, 117-119쪽; 伊田 2008

30. 中野 2006; 伊田 2008

31. 村松 2000

32. 東京女性財団 1995; 小川·森 1998; 亀田·舘 2000; ジェンダーに敏感な学習を考える会 2001

33. 藤村 2006

제4장
1. 松村 2002

2. 東京女性財団 1995; 小川·森 1998; 亀田·舘 2000; ジェンダーに敏感な学習を考える会

   2001

3. Barthes 1957

4. 木村 2000a

5. 堀內 2003

6. 天野 1988

7. 伊東 외 1991

8. 木村 2000

9. 森繁 2005

10. 伊藤 1998; いのちリスペクト。ホワイトリボン・キャンペーン 2015

11. 佐倉 2002, 2003; 橋本 1998

12. 森 2005

13. 川本 1998

14. 森 2005

제5장

1. 天野 1988; 森 1992 외

2. 伊東 외 1991; 井上・江原 1999, 130쪽.

3. 森 1989; 宮崎 1991

4. 木村 1997; 氏原 1996

5. 藤田 2004, 2015; 片田孫 2014

6. 亀田・舘 2000

7. Thorne 1993, pp.29−47.

8. Thorne 1993, pp.111−134.

9. Mead 1934

10. Merton 1949

제6장

1. Laird 1994; 尾﨑 2009

2. 橋本 1992, 64−65쪽.

3. 小山 2009, 16쪽.

4. 天野 1988; Sadker & Sadker 1994

5. 伊東 외 1991; 藤田 1993

6. 男女平等教育をすすめる会 1997

7. 氏原 1996; 木村 2000; 堀內 2008

8. Leonard 2006

9. 友野 2013, 58-63쪽.

10. 堀雅 2012

11. 堀雅 2012, 20쪽.

12. 堀雅 2012, 22쪽.

13. 堀雅 2012, 24쪽.

14. Biddulph 1997

15. Biddulph 1997(일본어판), 菅靖彦 역, 『男の子ってどうしてこうなる?―まっとうに育つ九つのポイント』, 草想社, 2002, 49쪽. 『아들 키우는 부모들에게 들려주고 싶은 이야기』, 북하우스, 1999, 41쪽.

16. Biddulph 1997(일본어판), 10쪽. 『아들 키우는 부모들에게 들려주고 싶은 이야기』, 북하우스, 1999, 15쪽.

17. Biddulph 1997(일본어판), 10쪽. 『아들 키우는 부모들에게 들려주고 싶은 이야기』, 북하우스, 1999, 15-16쪽.

18. Biddulph 1997(일본어판), 91-118쪽. 『아들 키우는 부모들에게 들려주고 싶은 이야기』, 북하우스, 1999, 95-111쪽.

19. Biddulph 1997(일본어판), 119-55쪽. 『아들 키우는 부모들에게 들려주고 싶은 이야기』, 북하우스, 1999, 123-152쪽.

20. Biddulph 1997(일본어판), 185-99쪽. 『아들 키우는 부모들에게 들려주고 싶은 이야기』, 북하우스, 1999, 181-201쪽.

21. Biddulph 1997(일본어판), 83쪽. 『아들 키우는 부모들에게 들려주고 싶은 이야기』, 북하우스, 1999, 81쪽.

22. Biddulph 1997(일본어판), 50쪽. 『아들 키우는 부모들에게 들려주고 싶은 이야기』, 북하우스, 1999, 42쪽.

23. Biddulph 1997(일본어판), 108-110쪽. 『아들 키우는 부모들에게 들려주고 싶은 이야기』, 북하우스, 1999, 105-107쪽.

24. 위의 책 일본어판, 150-53쪽. 『아들 키우는 부모들에게 들려주고 싶은 이야기』, 북하우스, 1999, 142-143쪽.

25. 原坂 2010, 3쪽.

26. 原坂 2010, 29쪽.

27. 小崎 2014, 27쪽.

28. 小崎 2014, 31쪽.

29. 中井 2014, 59쪽.

30. 中井 2014, 18-19쪽.

31. 中井 2014, 2쪽.

32. Faulstich-Wieland 1995

33. 池谷 2004, 299쪽.

34. 池谷 2004, 298쪽.

35. 池谷 2004, 296−297쪽.

36. 池谷 2004, 298−299쪽.

37. 池谷 2004, 297쪽.

38. 池谷 2004, 299쪽.

39. 池谷 2004, 297쪽.

40. 池谷 2004, 294쪽.

41. 池谷 2004, 307−309쪽.

42. 土田 2008

43. 土田 2008, 70쪽.

44. 土田 2008, 72−73쪽.

45. 土田 2008, 75쪽.

46. 山口 2013

47. 知念 2013

48. 土田 2008, 75쪽.

49. 知念 2013

50. 筒井 2013; Satel & Lilienfeld 2013

51. 友野 2013a, 63쪽.

52. 奥村 외 2009; ニューズウィーク 日本版, 2006년 2월15일호

53. Leonard 2006; 友野 2013b, 2014

제7장

1. Askew & Ross 1988; Mac an Ghaill 1994; Skelton 2001

2. 宮崎 2014

3. Lesko 2000

4. Epstein 1998; Martino et al. 2001; Martino et al. 2009

5. 多賀・天童 2003

6. 加藤 1991

7. 西躰 1999, 多賀 2005

8. 木村 2010

9. 池谷 2009

10. 国立教育政策研究所 2015

11. 鍋島 2003

12. 深谷 2003

13. 法務省法務総合研究所 2009

14. 町沢 2008

15. 內閣府 2015a

16. 多賀 2005

17. 神田 외 1985; 森 1992; 中西·堀 1997; 多賀·天童 2013

18. 吉原 1995

19. 中西 1998

20. 中西·堀 1997

21. Clatterbaugh 1997; Messner 1997

22. メンズセンター 1996

23. Parsons & Bales 1956

24. Connell 2002

25. 片田孫 2005

26. 森 1989

27. 宮崎 1991

28. 西躰 1998

29. 氏原 1996

30. 木村 1997

31. 羽田野 2004

32. 上床 2011

33. 多賀 2006

34. 宮崎 1993

35. 中西 1998

36. Connell 1995, p.77

37. 多賀 1996; 2001

38. 土田 2008

39. 山口 2008

40. 尾川 2011

41. 知念 2013

42. 伊佐 2014

43. Willis 1977; Connell 1995

44. 宮崎 2013

45. 江原 2001

46. Connell 1987

47. Connell 2002

참고문헌

일본 문헌

『ニューズウィーク』日本版, 2006년 2월15일호.

いのちリスペクト。ホワイトリボン・キャンペーン, 「LGBTの学校生活に関する実態調査(2013)結果報告書』, 2014, http://endomaneta.com/schoolreport.pdf (2016년 1월5일 확인).

グラムシ 저, V. ジェルラターナ 편, 獄中ノート翻訳委員会 역, 『グラムシ獄中ノートⅠ』, 1981, 大月書店.

ジェンダーに敏感な学習を考える会, 『ジェンダーセンシティブからジェンダーフリーへ―ジェンダーに敏感な体験学習』, すずさわ書店, 2001.

ベネッセ教育総研, 『「元気な女の子」と「ほどほど志向の男の子」モノグラフ・中学生の世界』73호, ベネッセ教育総研, 2003.

メンズセンター, 『「男らしさ」から「自分らしさ」へ』, かもがわ出版, 1996.

加藤隆雄, 「課題研究報告 教育とジェンダー (その2)」, 『教育社会学研究』 제48집, 1991, 206-209쪽.

江原由美子, 「男女校高校生の性差意識―男女平等教育の「空白域」」, 藤田英典・黒崎勲・片桐芳雄・佐藤学 편, 『教育学年報7 ジェンダーと教育』, 1999, 勁草書房, 189-218쪽.

江原由美子, 『ジェンダーと秩序』, 2001, 勁草書房.

江原由美子, 「社会変動と男性性」, 目黒依子・矢澤澄子・岡本英雄 편, 『揺らぐ男性のジェンダー意識―仕事・家族・介護』, 新曜社, 2012, 23-37쪽.

鍋島祥郎, 『高校生のこころとジェンダー』, 解放出版社, 2003.

広田照幸, 『日本人のしつけは衰退したか―「教育する家族」のゆくえ』, 講談社, 1999.

橋本紀子, 『男女共学制の史的研究』, 大月書店, 1992.

橋本秀雄, 『男でも女でもない性』, 青弓社, 1998.

亀田温子・舘かおる 편, 『学校をジェンダー・フリーに』, 明石書店, 2000.

国立教育政策研究所, 「OECD生徒の学習到達度調査(PISA)」, 2015, http://www.nier.go.jp/kokusai/pisa/ (2016년 1월5일 확인).

国立社会保障・人口問題研究所, 「第5回全国家庭動向調査」, 2013, http://www.jpss.go.jp/ps-katei/j/NSFJ5/NSFJ5_top.asp (2016년 1월5일 확인).

国税庁, 「民間給与実態統計調査結果」, 2013, https://www.nta.go.jp/kohyo/tokei/kokuzeicho/jikeiretsu/01_02.htm (2016년 1월5일 확인).

堀内かわる, 「家庭科は誰が学ぶもの?―〈ジェンダー再生産の象徴〉を超えて」, 天野正子・木村

涼子 편,『ジェンダーで学ぶ教育』, 世界思想社, 2003, 104-118쪽.

堀内真由美,「男女共学制は進歩の砦?―イギリスの共学点検からみた日本の学校」, 木村涼子·古久保さくら 편저,『ジェンダーで考える教育の現在(いま)―フェミニズム教育学をめざして』, 解放出版社, 2008, 26-41쪽.

堀雅裕·斎藤宏充·井原徹·金子博·兼高聖雄,「座談会 なでしこ戦略―女性大学の活性化に向けて」,『大学時報』2012년 5월호, 2012, 14-29쪽.

宮崎あゆみ,「学校における「性差別の社会化」再考―教師による性別カテゴリー使用をてがかりとして」,『教育社会学研究』제48집, 1991, 105-123쪽.

宮崎あゆみ,「ジェンダー·サブカルチャーのダイナミクス―女子高におけるエスノグラフィーをもとに」,『教育社会学研究』제52집, 1993, 157-177쪽.

宮崎あゆみ,「ジェンダー/セクシュアリティと教育―アイデンティティのゆらぎ」, 石戸教嗣 편,『新版教育社会学を学ぶ人のために』, 世界思想社, 2013, 185-202쪽.

吉原恵子,「女子大学生における職業選択のメカニズム―女性内分化の要因としての女性性」,『教育社会学研究』제57집, 1995, 107-124쪽.

金城珠代·石田かおる,「共働き第一世代の夫婦間家事バトル」,『AERA』10월19일호, 朝日新聞出版社, 2015, 10-15쪽.

金子元久·小林雅之,『教育の政治経済学』, 2000, 放送大学教育振興会.

男女平等教育をすすめる会,『どうして, いつも男が先なの?―男女混合名簿の試み』, 新評論, 1997.

内閣府,「男女問題における暴力に関する調査 (平成26년度調査) 報告書」http://www.gender.go.jp/e-vaw/chousa/h26_boryoku_cyousa.html (2016년 1월5일 확인).

内閣府,「数値目標に関する分析等について (案)」(仕事と生活の調和連携推進·評価部会·仕事と生活の調和関係省庁連携推進会議合同会議 (第25回) 配付資料) http://wwwa.cao.go.jp/wlb/government/top/hyouka/k_25/ (2016년 1월5일 확인).

内閣府,『平成19年版 男女共同参画白書』, 2007.

内閣府,『平成21年版 男女共同参画白書』, 2009.

内閣府,『平成22年版 男女共同参画白書』, 2010.

内閣府,『平成26年版 男女共同参画白書』, 2014.

内閣府,『平成27年版 自殺対策白書』, 2015a.

内閣府,『平成27年版 男女共同参画白書』, 2015b.

多賀太,「青年期の男性性形成に関する一考察―アイデンティティ危機を体験した大学生の事例から」,『教育社会学研究』제58집, 1996, 47-64쪽.

多賀太,『男性のジェンダー形成―〈男らしさ〉の揺らぎのなかで』, 東洋館出版社, 2001.

多賀太,「教育における「男性」研究の視点と課題―「男というジェンダー」の可視化」,『教育学研究』제72권제2호, 2005, 174-185쪽.

多賀太, 『男らしさの社会学―揺らぐ男のライフコース』, 世界思想社, 2006.

多賀太, 「男性雇用労働者の生活構造の変化と持続に関する研究」(平成16～18年度科学研究費補助金(若手研究B) 研究成果報告書), 2007.

多賀太, 「男性性というジェンダー」, 井上俊・伊藤公雄 편, 『近代家族とジェンダー』, 世界思想社, 2010, 177-180쪽.

多賀太 편, 『揺らぐサラリーマン生活―仕事と家庭のはざまで』, ミネルヴァ書房, 2011.

多賀太・天童睦子, 「教育社会学におけるジェンダー研究の展開―フェミニズム・教育・ポシトモダン」, 『教育社会学研究』 제93집, 2013, 119-150쪽.

東京女性財団, 『あなたのグラスはジェンダー・フリー? 若い世代の教師のために』, 1995.

藤田英典, 「教育における性差とジェンダー」, 『性差と文化 (東京大学公開講座 57)』, 東京大学出版会, 1993.

藤田由美子, 「幼児期における「ジェンダー形成」再考―相互作用場面における権力関係の分析より」, 『教育社会学研究』 제74집, 2004, 329-348쪽.

藤田由美子, 『子どものジェンダー構築―幼稚園・保育園のエスノグラフィ』, ハーベスト社, 2015.

藤村正之, 「若者世代の「男らしさ」とその未来」, 阿部恒久・大日方純夫・天野正子 편, 『男性史3 「男らしさ」の現代史』, 日本経済評論社, 2006, 191-227쪽.

連合, 「連合・賃金レポート2013―デフレと賃金格差拡大の15年」, http://www.jtuc-rengo.or.jp/roudou/shuntou/2013/shuukei_bunseki/index.html (2016년 1월5일 확인).

林道義, 『父性の復権』, 中央公論社, 1996.

望月由孝, 「公立女子高 廃止してはならない理由」, 『朝日新聞』, 2002년 7월6일부 조간.

木本喜美子, 『女性労働とマネジメント』, 勁草書房, 2003.

木村涼子, 「教室におけるジェンダー形成」, 『教育社会学研究』 제61집, 1997, 39-54쪽.

木村涼子, 「学校化される〈女〉と〈男〉―近代学校教育における男女の統合と分離」, 苅谷剛彦 외 저, 『教育の社会学―〈常識〉の問い方』, 有斐閣, 2000a, 143-156쪽.

木村涼子, 「「ジェンダーと教育」の社会学・入門」, 苅谷剛彦 외 저, 『教育の社会学―〈常識〉の問い方』, 有斐閣, 2000b, 187-201쪽.

木村涼子 편, 『ジェンダー・フリー・トラブル―バッシング現象を検証する』, 白澤社, 2005.

木村涼子・古久保さくら 편저, 『ジェンダーで考える教育の現在―フェミニズム教育学をめざして』, 解放出版社, 2008.

木村涼子, 「ジェンダーと教育」, 岩井八郎・近藤博之 편, 『現代教育社会学』, 有斐閣, 2010, 61-77쪽.

木村育恵, 『学校社会の中のジェンダー―教師たちのエスノメソドロジー』, 東京学芸大学出版会, 2014.

文部科学省, 「学校基本調査―平成26年度 (確定値) 結果の概要」, 2014, http://mext.go/jp/

b_menu/toukei/chousa01/kihon/kekka/k_detail/1354124.htm (2016년 1월5일 확인).

門倉貴史,『セックス格差社会─恋愛貧者 結婚難民はなぜ増えるのか?』, 2008, 宝島社.

尾﨑博美,「男女共学・男女別学をめぐる議論の課題と展望─教育目的・内容を構築する視点としての『ジェンダー』に注目して」,『GEMC journal グローバル時代の男女共同参画と多文化共生』No.1, 2009, 42–51쪽.

尾川満宏,「地方の若者による労働世界の再構築─ローカルな社会状況の変容と労働経験の相互連関」,『教育社会学研究』제88집, 2011, 251–271쪽.

法務省法務総合研究所 편,『再犯防止施策の充実 犯罪白書 平成21年版』, 2009.

兵頭新児,『ぼくたちの女災社会』, 二見書房, 2009.

本田由紀,「ジェンダーという観点から見たフリーター」, 小杉礼子 편,『自由の代償/フリーター』, 労働政策研究・研修機構, 2002, 149–174쪽.

本田由紀,「学校から職場へ─風化する『就社』社会」, 佐藤博樹・佐藤厚 편,『仕事の社会学』, 有斐閣, 2004.

本田由紀,『多元化する『能力』と日本社会─ハイパー・メリトクラシー化のなかで』, NTT出版, 2005.

本田由紀・内藤朝雄・後藤和智,『『ニート』って言うな!』, 光文社, 2006.

本田由紀, 筒井美紀 편저,『仕事と若者 (リーディングス日本の教育と社会第19巻)』, 日本図書センター, 2009.

部落解放・人権研究所,『排除される若者たち─フリーターと不平等の再生産』, 解放出版社, 2005.

山口季音,「男性間ハラスメントのジェンダー学的考察」,『九州教育学会研究紀要』36, 2008, 71–78쪽.

山口季音,「『男らしさ・女らしさ』の伝達を考える─児童養護施設職員の実践を通して」,『ヒューマン・ライツ』No.299, 2013, 54–59쪽.

山根純佳,『なぜ女性はケア労働をするのか─性別分業の再生産を超えて』, 勁草書房, 2010.

山田昌弘,『希望格差社会─『負け組』の絶望感が日本を引き裂く』, 筑摩書房, 2004.『희망 격차사회』, 최기성 옮김, 아침, 2010.

森繁男,「性役割の学習としつけ行為」, 柴野昌山 편,『しつけの社会学』, 世界思想社, 1989, 155–171쪽.

森繁男,「『ジェンダーと教育』研究の推移と現況─『女性』から『ジェンダー』へ」,『教育社会学研究』제50집, 1992, 164–183쪽.

森繁男,「見えないジェンダー」, 望月重信 외 편저,『教育とジェンダー形成─葛藤・錯綜/主体性』, ハーベスト社, 2005, 25–46쪽.

三浦展,『下流社会 第2章─なぜ男は女に“負けた”のか』, 光文社, 2007.

渋谷望, 『魂の労働―ネオリベラリズムの権力論』, 青土社, 2003.

上間陽子, 「現代女子高校生のアイデンティティ形成」, 『教育学研究』 제69권3호, 2002, 367–378쪽.

上床弥生, 「中学校における生徒文化とジェンダー秩序―「ジェンダー・コード」に着目して」, 『教育社会学研究』 제89집, 2011, 27–48쪽.

上野千鶴子・NHK取材班, 『90年代のアダムとイブ』, 日本放送出版協会, 1991, 138쪽.

生田久美子 編著, 『男女共学・別学を問い直す―新しい議論のステージへ』, 2011, 東洋館出版社.

西尾幹二・八木秀次, 『新・国民の油断―「ジェンダーフリー」「過激な性教育」が日本を亡ぼす』, PHP研究所, 2005.

西躰容子, 「「ジェンダーと学校教育」研究の視覚転換―ポスト構造主義的展開へ」, 『教育社会学研究』 제62집, 1998, 5–22쪽.

西躰容子, 「「女子」だけでいいのか?―学校の中の「男子」を視野に入れたジェンダー研究の必要性」, 『人間発達研究』 22, 1999, 87–94쪽.

舩橋恵子, 「「幸福な家庭」志向の陥穽」, 目黒依子・矢澤澄子 編, 『少子化時代のジェンダーと母親意識』, 新曜社, 2000, 47–67쪽.

小崎恭弘, 『男の子の本当に響く叱り方ほめ方』, すばる社, 2014.

小山静子, 『戦後教育のジェンダー秩序』, 勁草書房, 2009.

小杉礼子, 『フリーターという生き方』, 勁草書房, 2003.

小杉礼子 編, 『フリーターとニート』, 勁草書房, 2005.

篠原收, 『男女共同参画社会を超えて―男女平等・ダイバーシティ(多様性)が受容, 尊重される社会の確立に向けて』, 新水社, 2008.

小池和男, 『仕事の経済学(第2版)』, 東洋経済新報社, 1999.

小川真知子・森陽子 編著, 『実践 ジェンダー・フリー教育―フェミニズムを学校に』, 明石書店, 1998.

松村泰子, 「男女共同参画社会の形成に向けた学び」, 『国立女性教育会館研究紀要』 Vol.6, 2002, 3–13쪽.

首藤若菜, 『統合される男女の職場』, 勁草書房, 2003.

神田道子・亀田温子・浅見伸子・天野正子・西村由美子・山村直子・木村敬子・野口真代, 「「女性と教育」研究の動向」, 『教育社会学研究』 제40집, 1985, 87–107쪽.

深谷野亜, 「元気な女の子・元気のない男の子の時代」, 『児童心理』 57권16호, 2003, 1485–1490쪽.

深澤真紀, 『平成男子図鑑―リスペクト男子としらふ男子』, 日経BP社, 2007.

氏原陽子, 「中学校における男女平等と性差別の錯綜―二つの「隠れたカリキュラム」レベルから」, 『教育社会学研究』 제58집, 1996, 29–45쪽.

永濱利廣, 『男性不況』, 東洋経済新報社, 2012.

苅谷剛彦, 『階層化日本と教育危機─不平等再生産から意欲格差社会(インセンティブ・ディバイド)へ』, 有信堂高文社, 2001.

奥村康一・水野重理・高間大介, 『だから, 男と女はすれ違う─最新科学が解き明かす「性」の謎』, ダイヤモンド社, 2009. 『그래서 남자와 여자는 엇갈린다』, 홍성민 옮김, 라이프맵, 2010.

友野清文, 『ジェンダーから教育を考える─共学と別学/性差と平等』, 丸善出版, 2013a.

友野清文, 「米国における男女共学・別学論の動向」, 昭和女子大学, 『学苑』 No.871, 2013b, 31-50쪽.

友野清文, 「英国における男女共学・別学論の動向」, 昭和女子大学, 『学苑』 No.883, 2014, 97-110쪽.

羽田野慶子, 「〈身体的な男性優位〉神話はなぜ維持されるのか─スポーツ実践とジェンダーの再生産」, 『教育社会学研究』 第75집, 2004, 105-125쪽.

熊沢誠, 『能力主義と企業社会』, 岩波書店, 1997.

熊沢誠, 『女性労働と企業社会』, 岩波書店, 2000.

原坂一郎, 『言うこと聞かない!落ち着きなさい! 男の子のしつけに悩んだら読む本』, すばる舎, 2010.

伊東良徳・大脇雅子・紙子達子・吉岡睦子, 『教科書の中の男女差別』, 明石書店, 1991.

伊藤公雄, 「ヘゲモニー─A. グラムシ『獄中ノート』」, 井上俊・伊藤公雄 편, 『政治・権力・公共性』, 2011, 55-64쪽.

伊藤茂樹, 「少年非行と学校」, 酒井朗 편저, 『新訂 学校臨床社会学』, 放送大学教育振興会, 2007.

伊藤悟, 『同性愛の基礎知識』, あゆみ出版, 1996.

伊藤悟・虎井まさ衛, 『多様な「性」がわかる本─性同一性障害・ゲイ・レズビアン』, 高文研, 2002.

伊田久美子, 「社会的排除とジェンダーの再構築」(「社会的排除とジェンダー」第1回講演), 『女性学連続講演会:より深く掘り下げるために』 第12권, 2008, 1-23쪽.

伊佐夏実, 「学力の男女格差」, 志水宏吉・伊佐夏実・知念渉・芝野淳一, 『調査報告「学力格差」の実態』, 岩波書店, 2014, 23-35쪽.

田中俊之, 『男性学の新展開』, 2009, 青弓社.

田中俊之, 『男がつらいよ』, KADOKAWA, 2015.

井上輝子・江原由美子 편, 『女性のデータブック 第3版』, 有斐閣, 1999.

町沢静夫, 「不登校, 引きこもりはなぜ男子に多いのか」, 『児童心理』 62권4호, 2008, 23-28쪽.

帝塚山中学校高等学校, 「男女併学」, 2015, http://www.tezukayama-h.ed.jp/tokusyoku/

heigaku.html (2015년 1월5일 확인).

佐藤郁哉, 『暴走族のエスノグラフィー―モードの反乱と文化の呪縛』, 新曜社, 1984.

佐藤厚, 『ホワイトカラーの世界』, 日本労働研究機構, 2001.

佐倉智美, 『女が少年だったころ―ある性同一性障害者の少年時代』, 作品社, 2002.

佐倉智美, 『女子高生になれなかった少年―ある性同一性障害者の青春時代』, 青弓社, 2003.

竹内洋, 『日本のメリトクラシー』, 東京大学出版会, 1995.

中西祐子·堀健志, 「ジェンダーと教育研究の動向と課題―教育社会学·ジェンダー·フェミニズ
　　ム」, 『教育社会学研究』 제61집, 1997, 77–100쪽.

中西祐子, 『ジェンダー·トラック―青年期女性の進路形成と教育組織の社会学』, 東洋館出版
　　社, 1998.

中野麻美, 「貧困化と二極化のなかの女性労働」, 『唯物論研究年誌』 제11호, 青木書店, 2006,
　　242–265쪽.

中井俊已, 『男女別学で子どもは伸びる!』, 学研, 2014. (中井俊已, 『なぜ男女別学は子どもを伸
　　ばすのか』, 学研新書(2010)의 개고[改稿]·해제[解題])

増淵則敏, 「県立高校における男女共学と別学の違いによる教育的効果の分析」 (政策研究大
　　学院大学教育政策プログラム ポリシーペーパー), 2015, http://www3.grips.ac.jp/educa-
　　tion/wp/wp-content/uploads/2015/04/MJE14704.pdf (2016년 1월5일 확인).

池谷壽夫, 「ドイツにおける「再帰的男女共学」―訳者あとがきに代えて」, ハンネローレ·ファウル
　　シュティッヒ=ヴィーラント 저, 池谷壽夫 감역, 『ジェンダーと教育―男女別学·共学論争
　　を超えて』, 2004, 青木書店, 289–311쪽.

池谷壽夫, 『ドイツにおける男子援助活動の研究―その歴史·理論と課題』, 2009, 大月書店.

知念渉, 「非行系青少年支援における「男性性」の活用―文化実践に埋め込まれたリテラシーに着
　　目して」, 『部落解放研究』 No.199, 2013, 41–52쪽.

職業研究所, 『女子技術者の雇用管理―製薬·建築·情報処理産業の事例研究』, 1977.

直井道子·松村泰子 편, 『学校教育の中のジェンダー――子どもと教師の調査から』, 日本評論社.

川口遼, 「R. W. コンネルの男性性理論の批判的検討―ジェンダー構造の多元性に配慮した男
　　性性のヘゲモニー闘争の分析へ」, 『一橋社会科学』 Vol.6, 65–78쪽.

川口章, 『ジェンダー―経済格差』, 2008, 勁草書房.

川本隆史, 「自由と平等は両立するのか」, 佐藤康邦·溝口宏平 편, 『モラル―·アポリア―道徳の
　　ディレンマ』, ナカニシヤ出版, 1998, 71–80쪽.

天野正子·神田道子·金森トシエ·藤原房子·斎藤千代, 『女性人才論』, 有斐閣, 1980.

天野正子, 「「性(ジェンダー)と教育」研究の現代的課題―かくされた「領域」の持続」, 『社会学評論』
　　제39권제3호, 1988, 266–283쪽.

浅井春夫·北村邦夫·橋本紀子·村瀬幸浩 편, 『ジェンダーフリー·性教育タッシング―ここが知
　　りたい50のQ&A』, 大月書店, 2003.

村松泰子,「男女共同参画社会の形成に向けた学び」,『国立女性教育会館研究紀要』, Vol.6, 2002, 3–13쪽.

総務省統計局,『平成23年 社会生活基本調査 生活時間に関する結果 要約』, 2014, http://www.stat.go.jp/data/shakai/2011/ (2016년 1월5일 확인).

太郎丸博 편,『フリーターとニートの社会学』, 世界思想社, 2006.

土田陽子,「男の子の多様性を考える―周辺化さりがちな男子生徒の存在に着目して」, 木村涼子·古久保さくら 편저,『ジェンダーで考える教育の現在(いま)―フェミニズム教育学をめざして』, 解放出版社, 2008, 62–77쪽.

桶口明彦,「現代社会における社会的排除のメカニズム―積極的労働市場政策の内在的ジレンマをめぐって」,『社会学評論』55(1), 2004, 2–18쪽.

筒井晴香,「脳の性差論」, 木村涼子·伊田久美子·熊安貴美江 편저,『よくわかるジェンダー·スラティーズ―人文社会科学から自然科学まで』, ミネルヴァ書房, 2013, 154–155쪽.

片田孫朝日,「男子のジェンダー実践の共同性と文脈性―学童クラブの男子の遊び活動に関する相互行為の分析」,『京都社会学年報』13, 2005, 61–84쪽.

片田孫朝日,『男の権力』, 京都大学学術出版会, 2014.

河野銀子·藤田由美子 편,『教育社会とジェンダー』, 学文社, 2014.

海妻径子,「対抗文化としての＜反「フェミナチ＞」, 木村涼子 편,『ジェンダー·フリー·トラブル』, 2005, 白澤社, 35–53쪽.

厚生労働省,「脳·心臓疾患及び精神障害等に係る労災補償状況について」, 2003, http://www.mhlw.go.jp/houdou/2003/06/h0610–4.html (2016년 1월5일 확인).

厚生労働省,『平成21년版 厚生労働白書』, 2009.

厚生省,『平成10年版 厚生白書』, 1998.

黒田祥子,「生活時間の長期的な推移」,『日本労働研究雑誌』No.599, 2010, 532–564쪽.

서구 문헌

American Association of University Women, *How Schools Shortchange Girls* (New York: Marlowe & Company, 1992).

Askew, S. & C. Ross, *Boys Don't Cry: Boys and Sexism in Education* (Open University Press, 1988).

Barthes, Roland, *Mythologies*, Éditions du Seuil (Pierres vives, 1957).『현대의 신화』, 이화여자대학교기호학연구소 옮김, 동문선, 1997.

Biddulph, Steve, *Raising Boys: Why Boys Are Different—and How to Help Them Become Happy and Well-balanced Men* (Finch, 1997).『아들 키우는 부모들에게 들려주고 싶

은 이야기』, 김선경 옮김, 북하우스, 2003.

Burris, Beverly, "Technocracy, Patriarchy and Management", D. L. Collinson & J. Hearn eds., *Men as Managers, Managers as Men* (London: Sage, 1996), pp.61–77.

Clatterbaugh, Kenneth, *Contemporary Perspectives on Masculinity: Men, Women, and Politics in Modern Society* (2nd ed.) (Westview Press, 1997).

Connell, R. W. & James W. Messerschmidt, "Hegemonic Masculinity: Rethinking the Concept", *Gender & Society* 19 (2005), pp.829–859.

Connell, R. W., *Gender* (Polity Press, 2002).

Connell, R. W., *Gender and Power: Society, the Person and Sexual Politics* (Polity Press, 1987).

Connell, R. W., *Masculinities* (Polity Press, 1995). 『남성성/들』, 안상욱·현민 옮김, 이매진, 2013.

Dasgupta, Romit, *Re-reading the Salaryman in Japan: Crafting Masculinities* (Routledge, 2013).

DEEWR (Department of Education, Employment and Workplace Relations, Australian Government), "Boy's Education Lighthouse Schools Stage Two Final Report 2006" (2010).

Epstein, Debbie ed., *Failing Boys?: Issues in Gender and Achievement* (Open University Press, 1998).

Faulstich–Wieland, Hannelore, *Geschlecht und Erziehung: Grundlagen des Pädagogischen Umgangs mit Mädchen und Jungen* (Wissenschaftliche Buchgeselischaft, 1995).

Hidaka, Tomoko, *Salaryman Masculinity and Change in Hegemonic Masculinity in Japan* (Brill, 2010).

Hochschild, Arlie R., *The Managed Heart: Commercialization of Human Feeling* (University of California Press, 1983). 『감정노동』, 이가람 옮김, 이매진, 2009.

Jones, Gill & Claire Wallace, *Youth, Family and Citizenship* (Open University Press, 1992). 『청소년 시민사회론』, 강영배·김기헌 옮김, 교육과학사, 2007.

Laird, Susan, "Rethinking Coeducation", *Studies in Philosophy and Education*, vol.13, 1994, pp.361–378.

Leonard, Diana, "Single–Sex Schooling", Shelton, Christine, Becky Francis and Lisa Smulyan eds., *The SAGE Handbook of Gender and Education* (Sage, 2006), pp.190–204.

Lesko, Nancy ed., *Masculinities at School* (Sage Publications, 2000).

Mac an Ghaill, Martin, *The Making of Men: Masculinities, Sexualities and Schooling* (Open University Press, 1994).

Martino, Wayne & Bob Meyenn, *What about the boys? Issues of Masculinity in Schools* (Open University Press, 2001).

Martino, Wayne, Michael D. Kehler & Marcus B. Weaver-Hightower eds., *The Problem with Boys' Education: Beyond the Backlash* (Routledge, 2009).

McDowell, Linda, *Redundant Masculinities?: Employment Change and White Working Class Youth* (Blackwell Publishing, 2003).

Mead, George H., *Mind, Self, and Society: From the Standpoint of a Social Behaviorist* (University of Chicago Press, 1934). 『정신·자아·사회』, 나은영 옮김, 한길사, 2010.

Merton, Robert K., *Social Theory and Social Structure: Toward the Codification of Theory and Research* (Free Press of Glencoe, 1949).

Messerschmidt, James W., "Engendering Gendered Knowledge: Assessing the Academic Appropriation of Hegemonic Masculinity", *Men and Masculinity* , 15(1), pp.56-76.

Messner, Michael A., *Politics of Masculinities: Men in Movements* (Sage Publications, 1997).

Mills, Martin, Becky Francis & Christine Skelton, "Gender Policies in Australia and the United Kingdom", in Wayne Martino et al. eds., *The Problem with Boys' Education: Beyond the Backlash* (Routledge, 2009). pp.36-55.

Parsons, Talcott & Robert F. Bales, *Family: Socialization and Interaction Process* (Routledge & Kegan Paul, 1956).

Roberson, James E. & Nobue Suzuki, *Men and Masculinities in Contemporary Japan: Dislocating the salaryman doxa* (RoutledgeCurzon, 2003).

Sadker, M. & D. Sadker, *Failing at Fairness: How our Schools Cheat Girls* (New York: Touchstone, 1994).

Satel, Sally & Scott O. Lilienfeld, *Brainwashed: The Seductive Appeal of Mindless Neuroscience* (Basic Books, 2013).

SCET (House of Representatives Standing Committee on Education and Training), *Boys: Getting it Right: Report on The Inquiry into the Education of Boys* (Canberra: Commonwealth Australia, 2002).

Skelton, Christine, *Schooling the Boys: Masculinities and Primary Education* (Open Universtity Press, 2001).

Thorne, Barrie, *Gender Play: Girls and Boys in School* (Open University Press, 1993). 『젠더 플레이』, 한대동·오경희 옮김, 양서원, 2014.

USDE (U. S. Department of Education), "The Condition of Education 2009", 2010, http://nces.ed.gov/programs/coe/2009/pdf/10_2009.pdf. (2010년 1월31일 확인).

Wajcman, Judy, *Managing like a Man: Women and Men in Corporate Management* (Pennsylvania State University Press, 1998).

Weaver-Hightower, Marcus B., "Issues of Boy's Education in the United States: Diffuse Contexts and Futures", in Wayne Martino et al. eds., *The Problem with Boy's Education Beyond the Backlash* (Routledge, 2009).

Weber, Max, "Soziologie der Herrschaft" (1922), Wirtshaft und Gesellschaft, Grundriss der verstehenden Soziologie, J. C. B. Mohr, 4. Aufl, besorgt von Johannes Winckelmann, Zweiter Teil, Kapitel IX, J. C. B. Mohr (Paul Siebeck, 1956).

WEF (The World Economic Forum), "The Global Gender Gap Report", 2015, http://reports.weforum.org/global-gender-report-2015/ (2016년 2월26일 확인).

Weiner, Gaby, Madeline Arnot & Miriam David, "Is the Future Female? Female Success, Male Disadvantage, and Changing Gender Patterns in Education", in A. H. Halsey et al. eds., *Education: Culture, Economy, and Society* (Oxford University Press, 1997), pp.620-630.

Willis, Paul E., "Foot Soldiers of Modernity: The Dialectics of Cultural Consumption and the Twenty-First-Century School", *Harvard Educational Review*, September, Vol.73, No.3, 2003, pp.390-415.

Willis, Paul E., *Learning to Labour: How Working Class Kids Get Working Class Jobs* (1977).

Young, Michael, *The Rise of the Meritocracy, 1870-2033: An Essay on Education and Equality* (Thames and Hudson, 1958).

초출일람

제1장
"男子問題の時代?—ジェンダーの構造の変化と男子論争—", 稲垣恭子 편저, 『教育における包摂と排除—もうひとつの若者論—』, 明石書店, 2012, 47–78쪽을 가필 수정.

제2장
새로 씀.

제3장
"ジェンダー化された「能力」の揺らぎと「男性問題」", 本田由紀 편, 『労働再審①転換期の労働と〈能力〉』, 大月書店, 2010, 132–145쪽을 가필 수정.

제4장
"学校教育とジェンダー問題", 酒井朗 편저, 『新訂 学校臨床社会学』, 放送大学教育振興会, 2007, 155–169쪽을 가필 수정.

제5장
"学校における男女平等教育の浸透と子どもの抵抗—研究指定小学校の事例を通—して—", 住田正樹·多賀·太 편, 『子どもへの現代的視点』, 北樹出版, 2006, 180–195쪽을 가필 수정.

제6장
새로 씀.

제7장
"男子研究の方法論的展開—日本の教育社会学を中心に—", 『関西大学 文学論集』 제64권제2호, 2014, 37–58쪽을 가필 수정.

찾아보기